BIBLIOTHÈQUE
DES CHEMINS DE FER

DEUXIÈME SÉRIE

HISTOIRE ET VOYAGES

Imprimerie de Ch. Lahure (ancienne maison Crapelet)
rue de Vaugirard, 9, près de l'Odéon

VOYAGE

DU COMTE DE FORBIN

A SIAM

SUIVI DE QUELQUES DÉTAILS EXTRAITS

DES MÉMOIRES DE L'ABBÉ DE CHOISY

(1685-1688)

———— ⋈ ————

PARIS

LIBRAIRIE DE L. HACHETTE ET Cie

RUE PIERRE-SARRAZIN, N° 14

—

1853

AVANT-PROPOS.

En 1684, des ambassadeurs du roi de Siam parurent à la cour de Louis XIV. On voit par les mémoires du temps que cette ambassade n'excita point d'autre sentiment que celui de la curiosité, et fut traitée par les courtisans moins comme une affaire que comme un amusement. Cependant deux vaisseaux transportèrent à Siam une ambassade française, et ramenèrent l'année suivante une députation siamoise, dont le chef joua plus tard un grand rôle dans son pays, et fut le principal ministre de l'usurpateur Pitracha.

Voici quelle fut l'occasion de ces relations de la France avec un pays lointain et inconnu :

Il y avait alors à Siam un Grec, que l'on appelait M. Constance, quoique son vrai nom fût Constantin Phaulcon, et qui, sans porter le titre de barkalon ou premier ministre, en exerçait toute l'autorité. Il était né à la Custode, dans l'île de Céphalonie. Diverses

2

A

aventures de jeunesse l'avaient amené à la cour de Siam, où il joua le même rôle qu'on a vu jouer depuis à Lahore par le général Allard et le général Ventura. Il avait suivi d'abord la religion grecque, qui était celle de sa mère, et s'était fait ensuite protestant, ayant eu, pendant qu'il servait dans la marine marchande, de nombreuses relations avec les Anglais. Plus tard, les jésuites établis à Siam le convertirent au catholicisme, et il forma dès lors le projet de conquérir à l'Église le royaume de Siam, le Tonquin, la Cochinchine, la Chine et le Japon, avec le secours et par l'intermédiaire de la France. Si ce fut là son véritable but, ou s'il ne chercha à lier des relations avec l'Europe que dans des vues d'intérêt personnel, c'est ce qu'il est difficile de savoir bien précisément, à cause des contradictions de ses nombreux historiens. Quoi qu'il en soit, deux mandarins siamois, accompagnés de M. Levacher, prêtre des missions, vinrent à Paris proposer un traité d'alliance, et promettre la conversion de leur roi.

Louis XIV, plutôt pour satisfaire son zèle religieux que pour procurer des avantages matériels à notre commerce, fit partir un envoyé pour la cour de Siam. Ce fut le chevalier de Chaumont, capitaine de vaisseau, à qui l'on donna pour coadjuteur l'abbé de Choisy, et pour major d'ambassade le comte de Forbin, alors fort jeune, et connu seulement dans la marine par sa rare intrépidité.

Cette ambassade n'eut aucun résultat utile. M. de Chaumont, le père Tachard, jésuite qui l'avait accompagné comme missionnaire, l'abbé de Choisy, et enfin le comte de Forbin, publièrent chacun la relation de leur voyage.

Celle de M. de Chaumont n'eut point de succès. Le père Tachard, assez bon mathématicien, mais très-mauvais diplomate, ne songea qu'à la propagation de la foi et prit à la lettre toutes les chimères de Constance. Le *Journal* de l'abbé de Choisy, écrit avec goût et facilité, a tout l'attrait d'un roman, et dans le fait ce n'est pas autre chose ; car M. le coadjuteur d'ambassade, qui venait de se faire conférer en quatre jours tous les ordres sacrés par l'évêque de Métellopolis, chef des missions orientales, était trop futile et trop indolent pour bien observer, et trop peu scrupuleux pour ne pas embellir son récit aux dépens de la vérité. La relation de M. de Forbin, que nous publions, est de beaucoup la plus intéressante et paraît la plus véridique. Pour montrer quelle fut la suite de l'expédition, nous avons joint au récit du comte de Forbin, qui ne parle que de ses aventures personnelles, quelques pages extraites des *Mémoires* de l'abbé de Choisy.

Ces *Mémoires* sont un ouvrage autre que son *Journal*. « Me voici arrivé, dit l'abbé de Choisy, à une affaire où l'on me pardonnera bien si je m'étends plus que de coutume ; c'est l'affaire de Siam. Elle m'a passé par les mains : je marquerai beaucoup de petites particularités fort ignorées du public ; je tâcherai même de ne rien dire de ce qui est dans mon *Journal*. Je proteste que j'y ai toujours dit vrai, mais que je n'ai pas toujours dit tout ce que je savais. Or, dans ces mémoires-ci, je ne garderai pas de mesure et dirai tout sans ménagement. »

Plusieurs auteurs ont écrit la vie de Constance ou Constantin Phaulcon. Nous citerons parmi eux Deslandes, historien et philosophe du siècle dernier, qui a eu beaucoup de réputation et peu de mérite.

VOYAGE

DU COMTE DE FORBIN

A SIAM.

(1685-1688).

I.

Départ de l'ambassade. — Traversée.

A mon arrivée à Paris[1], je trouvai à la cour
deux mandarins siamois, accompagnés de M. Le
Vacher, prêtre des missions établies à Siam. Ces
mandarins avaient exposé en arrivant, qu'ils
étaient envoyés par les ministres de Sa Majesté

---

1. Claude Forbin, auquel nous empruntons ce récit, naquit
en 1566, à Gardanne, près d'Aix. Avant de partir pour Siam, il
avait déjà assisté au bombardement et à la prise d'Alger et fut un
de nos plus intrépides marins. Il fit plusieurs courses contre les
Anglais en compagnie de Jean Bart, se distingua à la fatale bataille de la Hogue, concourut à la victoire de Lagos, et parvint
glorieusement au grade de chef d'escadre. Il fut chargé, en 1708,
de conduire le prétendant en Écosse, et ne reprit pas la mer après
cette expédition, dont on sait le mauvais succès.

Les *Mémoires* du comte de Forbin ont été écrits sous ses yeux
et d'après ses manuscrits, par Simon Reboulet, auteur d'une *Histoire du règne de Louis XIV.*

2

a

Siamoise, pour apprendre des nouvelles d'une ambassade que le roi leur maître avait envoyée à la cour de France, et qu'ayant appris près de nos côtes, que le vaisseau qui portait l'ambassadeur et les présents du roi de Siam avait malheureusement fait naufrage, ils avaient poussé leur route jusqu'en France, selon les ordres qu'ils en avaient.

Dans les différentes conférences qu'ils eurent avec les ministres, ils firent entendre, conformément à leurs instructions, que le roi leur maître protégeait depuis longtemps les chrétiens; qu'il entendait parler volontiers de leur religion; qu'il n'était pas éloigné lui-même de l'embrasser; qu'il avait donné ordre à ses ambassadeurs d'en parler à Sa Majesté : et ils ajoutèrent enfin, que leur maître, dans les dispositions où il était, se ferait infailliblement chrétien, si le roi le lui proposait par une ambassade.

Sur ces raisons, qu'on exagéra bien au delà de la vérité, et qui furent appuyées par M. Le Vacher; Sa Majesté, touchée d'une part des avances du roi de Siam, et de son empressement à le rechercher, et de l'autre faisant attention qu'il n'était pas impossible que ce prince embrassât le christianisme, si on l'y invitait par une ambassade d'éclat; comprenant d'ailleurs tout l'avantage que la religion retirerait d'une conversion qui pouvait être suivie de tant d'autres, consentit à ce qu'on lui demandait, et nomma, pour son ambassadeur à Siam, M. le chevalier de Chaumont, capitaine de ses vaisseaux. Il aurait été difficile de choisir un sujet plus digne d'une commission qui paraissait si importante ; car outre les avantages qu'il tirait de sa naissance, et de mille autres qualités personnelles qui le distinguaient très-avantageusement, il était d'une piété si reconnue, qu'une ambassade, dont le but allait principalement à convertir un roi idolâtre, et peut-être tout son royaume, ne pouvait être confiée à un sujet qui, par ses vertus, pût donner une plus haute idée de la religion qu'il devait persuader.

Cependant, comme il pouvait arriver que l'ambassadeur mourût dans le cours d'un si pénible voyage, et qu'il y avait à craindre, en ce cas, que l'ambassade ne tombât sur quelqu'un qui fût incapable de la remplir, M. l'abbé de Choisy fut nommé en second, avec la qualité d'ambassadeur ordinaire, supposé qu'il fallût faire un long séjour à Siam, et que le roi souhaitât de se faire instruire.

Les choses étant ainsi réglées, M. de Chaumont, qui, pour relever la majesté de l'ambassade, songeait à se faire un cortége qui pût lui faire honneur, et qui avait jeté les yeux sur un certain nombre de jeunes gentilshommes qui devaient l'accompagner, me proposa ce voyage. Je ne rejetai pas les offres qu'il me faisait, mais je lui répondis, que s'agissant d'aller presque au bout du monde, je ne pouvais m'engager à lui qu'après avoir consulté ma famille et ceux qui s'intéressaient pour moi ; que j'allais de ce pas en conférer avec mes amis, et que s'ils le trouvaient à propos, je me ferais un honneur et un plaisir de le suivre.

Dès le même jour je fis part à M. le cardinal de Janson[1], et à Bontems[2], de la proposition qu'on m'avait faite ; ils furent d'avis l'un et l'autre que je devais l'accepter ; que bien loin de nuire par là à ma fortune, je ne pouvais pas faire ma cour plus sûrement, le roi ayant cette ambassade fort à cœur ; que pour moi, je ne risquais rien à m'éloigner du royaume dans un temps de paix, l'inaction où je serais obligé d'y vivre ne me laissant que très-peu d'espoir de m'avancer. Sur ce conseil, je fus trouver M. de Chaumont, et lui ayant témoigné la satisfaction que j'aurais à l'accompagner, je lui en donnai parole. Il fut charmé des engagements que je prenais avec lui, et sur ce que je lui fis connaître, que pour avoir occa-

---

1. Le cardinal de Forbin-Janson, évêque de Beauvais, parent du chevalier de Forbin.
2. Bontems, premier valet de chambre du roi.

sion de contenter ma curiosité, je souhaitais d'être major de l'ambassade, et d'en faire toutes les fonctions, il y consentit très-volontiers.

M. le comte du Luc, que j'avais aussi consulté, et qui avait approuvé mon voyage, en parla à Mme Rouillet : cette dame avait deux caisses de très-beau corail, qu'elle avait apporté de Provence, elle souhaitait de s'en défaire ; MM. de la compagnie des Indes, à qui elle avait voulu les vendre, avaient peine de s'en accommoder, et ne lui en avaient offert que cinq cents livres, ce qui était fort au-dessous de leur valeur ; elle pria le comte de faire en sorte que je voulusse m'en charger, me donnant pouvoir d'employer l'argent que j'en retirerais, en étoffes de damas, cabinets de la Chine, ouvrages du Japon, et autres raretés du pays. Je me chargeai volontiers de cette commission, après quoi ayant réglé le peu d'affaires que j'avais à Paris, je partis au commencement de l'année 1685, pour me rendre à Brest, où j'avais ordre de faire armer deux vaisseaux que le roi avait destinés pour l'ambassade.

Sur la fin du mois de février, tout étant prêt pour le départ, M. de Chaumont et M. l'abbé de Choisy se rendirent à Brest ; ils s'embarquèrent sur le vaisseau nommé *l'Oiseau*, commandé par M. de Vaudricourt, et avec eux les ambassadeurs du roi de Siam, six pères jésuites, savoir, les pères de Fontenai, Tachart, Gerbillon, Lecomte, Bouvet et Visdelou, que le roi envoyait à la Chine, en qualité de mathématiciens ; quatre missionnaires, parmi lesquels étaient MM. Le Vacher et du Chailas, et une suite nombreuse de jeunes gentilshommes qui firent volontiers le voyage, ou par curiosité, ou comme nous avons dit, dans la vue de faire plaisir à M. l'ambassadeur.

Tout le reste de l'équipage qui ne pouvait pas avoir place sur *l'Oiseau*, fut reçu dans une frégate nommée *la Maligne* ; elle était de trente-trois pièces de canon, et commandée par M. Joyeux, lieutenant du port de Brest, qui avait fait plusieurs voyages aux Indes. Tout étant embarqué, nous levâmes l'ancre pendant la nuit, et le lendemain matin, qui était un samedi, troisième de mars, après que les équipages des deux vaisseaux eurent crié à plusieurs reprises, *vive le roi !* nous mîmes à la voile, et nous fîmes route pour le cap de Bonne-Espérance.

La navigation fut fort heureuse ; nous passâmes la ligne, sans être trop incommodés des chaleurs ; peu après nous commençâmes à apercevoir des étoiles que nous n'avions jamais vues. Celles qu'on appelle *la Croisade*, et qui sont au nombre de quatre, furent les premières que nous remarquâmes ; nous vîmes ensuite *le Nuage blanc*, qui est placé auprès du pôle antarctique. A l'aide des excellentes lunettes dont nos mathématiciens se servaient, nous découvrîmes que la blancheur de ce nuage n'est autre chose qu'une multitude de petites étoiles dont il est semé. Enfin après une navigation de trois mois, nous arrivâmes au cap de Bonne-Espérance, si juste par rapport à l'estime que nos pilotes en avaient faite, qu'il n'y eut que quinze lieues d'erreur, ce qui n'est de nulle conséquence dans un voyage d'un si long cours.

Le cap de Bonne-Espérance, qui n'est qu'une longue chaîne de montagnes, s'étend du septentrion au midi, et finit en pointe assez avant dans la mer. A côté de ces montagnes, s'ouvre une grande et vaste baie qui s'avance fort avant dans les terres, et dont la côte le long des montagnes est très-saine, mais fort périlleuse partout ailleurs. Nous n'osâmes pas avancer pendant la nuit ; mais le lendemain, quoique le vent fût assez contraire, nous crûmes qu'il n'y avait pas de risque à entrer.

A peine fûmes-nous dans le milieu de la rade, que le vent cessa tout à coup. Tandis que nous étions emportés par les courants contre des rochers dont nous n'étions plus qu'à une portée de mousquet, le vent revint par bonheur et nous tira de ce danger. Nous n'avions point eu de journée si périlleuse ; enfin, après bien du travail, nous mouillâmes à cent cinquante pas du fort que les

Hollandais y ont bâti, et où ils entretiennent une forte garnison. Deux chaloupes vinrent aussitôt nous reconnaître ; le lendemain je fus mis à terre pour aller complimenter le gouverneur et pour traiter avec lui du salut, et des rafraîchissements dont l'équipage avait grand besoin. Je trouvai cet officier dans le fort dont j'ai parlé ; c'est un pentagone régulier et très-bien fortifié ; je fus reçu avec beaucoup de civilité, on m'accorda tout ce que je demandais ; il fut convenu que le salut serait coup pour coup et qu'on nous fournirait, en payant, toute sorte de rafraîchissements.

Je vins rendre compte de ma négociation à M. l'ambassadeur qui, charmé des bonnes manières des Hollandais, fit mettre les chaloupes en mer, et chacun ne pensa plus qu'à aller à terre se délasser des fatigues d'une si longue navigation.

Les pères jésuites furent d'abord faire la révérence au gouverneur qui les combla d'honnêtetés. Ces pères lui témoignèrent qu'étant à terre, ils seraient bien aises d'employer leur temps à des observations qui pourraient être de quelque utilité au public, et auxquelles ils ne pourraient pas vaquer ailleurs si commodément. Il leur permit fort agréablement ce travail, et pour le leur faciliter, il les logea dans un magnifique pavillon, bâti dans le jardin de la compagnie des Indes. Ils y firent en effet différentes observations fort utiles, et réglèrent la longitude du cap, qui n'avait été déterminée jusqu'alors que suivant l'estime des pilotes, manière de compter très-douteuse et sujette à bien des erreurs.

Tandis que les mathématiciens faisaient leurs observations, je fus bien aise de faire aussi les miennes et de m'informer exactement de l'état du pays. Voici tout ce que j'en pus découvrir pendant le peu de séjour que nous y fîmes.

Les Hollandais en sont les maîtres ; ils l'achetèrent des principaux chefs des peuples qui l'habitaient et qui, pour une assez médiocre quantité de tabac et d'eau-de-vie, consentirent de se retirer plus avant dans les terres. On y trouve une fort belle aiguade[1] : le pays est de lui-même sec et aride ; malgré cela les Hollandais y cultivent un jardin, qui est sans contredit l'un des plus grands et des plus beaux qu'il y ait au monde. Il est entouré de murailles ; outre une grande quantité d'herbes de toute espèce, on y trouve abondamment les plus beaux fruits de l'Europe et des Indes.

Comme ce cap est une espèce d'entrepôt où tous les vaisseaux qui font le commerce d'Europe aux Indes, et des Indes en Europe, viennent se

---

1. On appelle aiguade une source ou une rivière où les équipages renouvellent leur provision d'eau.

radouber et prendre les rafraîchissements dont ils ont besoin, il est pourvu abondamment de tout ce qu'on peut souhaiter. Les Hollandais ont établi, à douze lieues du cap, une colonie de religionnaires français à qui ils ont donné des terres à cultiver. Ceux-ci ont planté des vignes; ils y sèment du blé, et y recueillent en abondance toutes les denrées nécessaires à la vie.

Le climat y est fort tempéré; sa latitude est au 35e degré : les naturels du pays sont Cafres, un peu moins noirs que ceux de Guinée, bien faits de corps, très-dispos, mais d'ailleurs le peuple le plus grossier et le plus abruti qu'il y ait dans le monde. Ils parlent sans articuler, ce qui fait que personne n'a jamais pu apprendre leur langue. Ils ne seraient pourtant pas incapables d'éducation : les Hollandais en prennent plusieurs dans l'enfance; ils s'en servent d'abord pour interprètes, et en font ensuite des hommes raisonnables.

Ces peuples vivent sans religion; ils se nourrissent indifféremment de toutes sortes d'insectes qu'ils trouvent dans les campagnes; ils vont nus, hommes et femmes, à la réserve d'une peau de mouton qu'ils portent sur les épaules, et dans laquelle il s'engendre de la vermine qu'ils n'ont pas horreur de manger.

Les femmes portent, pour tout ornement, des boyaux de moutons fraîchement tués, dont elles entourent leurs bras et leurs jambes. Ils sont très-légers à la course; ils se frottent le corps avec de la graisse, ce qui les rend dégoûtants, mais très-souples et propres à toutes sortes de sauts ; enfin ils couchent tous ensemble, pêle-mêle, sans distinction de sexe, dans de misérables cabanes, et s'accouplent indifféremment comme les bêtes, sans aucun égard à la parenté.

Huit jours après notre arrivée au cap de Bonne-Espérance, étant suffisamment refaits, nous fîmes route pour le détroit de la Sonde, formé par les îles de Java et de Sumatra. Les vents contraires nous firent courre du côté du sud, et nous séparèrent de la frégate, que nous perdîmes de vue : nous reconnûmes les terres australes, côtes inconnues à nos pilotes. Cette terre nous parut rougeâtre ; nous ne voulûmes pas en approcher, et le vent étant devenu plus favorable, nous changeâmes de route, et nous reconnûmes l'île de Java.

Nous manquions de pilotes à qui le détroit de la Sonde fût suffisamment connu : pour suppléer à ce défaut, nous prîmes le parti de naviguer sur de bonnes cartes dont M. de Louvois nous avait pourvus, et ayant suivi quelque temps l'île de Java, sous petites voiles, nous découvrîmes le détroit, où nous entrâmes assez heureusement.

Pendant ce trajet, tout l'équipage, qui était sur le pont, fut témoin d'un phénomène que nous n'avions jamais vu, et qui fournit matière, pendant quelques heures, aux raisonnements de nos physiciens. Le ciel étant fort serein, nous entendîmes un grand coup de tonnerre, semblable au bruit d'un canon tiré à boulet : la foudre, qui sifflait horriblement, tomba dans la mer à deux cents pas du navire, et continua à siffler dans l'eau, qu'elle fit bouillonner pendant un fort long espace de temps.

Après une navigation d'environ deux mois, nous arrivâmes, le quinzième d'août, à la vue de Bantan [1], où, quelque envie que nous eussions de passer outre, nos malades, l'épuisement de tout le reste de l'équipage, et, plus que tout cela, le défaut de pilote qui connût la route de Siam, nous obligèrent de relâcher. Nous passâmes la nuit à l'ancre ; le lendemain, j'eus ordre d'aller à terre pour complimenter le roi de la part de M. l'ambassadeur, et pour le prier de nous permettre de faire les rafraîchissements dont nous manquions.

Le lieutenant du fort, chez qui je fus introduit, me refusa tout ce que je lui demandais. Quelque instance que je pus faire, il n'y eut jamais moyen d'avoir audience du roi : je représentai que j'avais à parler au gouverneur hollandais ; on

1. Bantan ou Bantam, ville et royaume de l'île de Java.

me répondit qu'il était malade, et qu'il ne voyait personne depuis longtemps ; enfin, après avoir éludé par de mauvaises défaites toutes mes demandes, on me dit clairement, et sans détour, que je ne devais pas m'attendre à faire aucune sorte de rafraîchissements, le roi ne voulant pas absolument que des étrangers missent le pied dans le pays.

Comme j'insistais sur la dureté de ce refus, et que j'en chargeais ouvertement les Hollandais, l'officier me fit entendre que la situation de l'État ne permettait nullement au roi d'y laisser entrer des étrangers ; que ses peuples, à demi révoltés, n'attendaient, pour se déclarer ouvertement, que le secours qu'on leur faisait espérer de la France et de l'Angleterre, et que, malgré tout ce que je pourrais dire de l'ambassade de Siam, j'aurais peine à persuader que notre vaisseau, qui avait mouillé si près de Bantan, ne fût pas venu dans le dessein de rassurer les Javans et de leur faire comprendre que le reste de l'escadre ne tarderait pas longtemps d'arriver ; que pour ce qui regardait les Hollandais, j'avais tort de leur imputer le refus qu'on nous faisait ; que ne servant le roi qu'en qualité de troupes auxiliaires, ils ne pouvaient faire moins que de lui obéir ; que du reste si nous allions à Siam, comme je l'en assurais, nous n'avions qu'à continuer notre route jusqu'à

Batavie[1], éloignée seulement de douze lieues, et que les honnêtetés que nous y recevrions de la part du général de la compagnie des Indes, nous donneraient lieu de connaître que ce n'était que par nécessité qu'on usait de tant de rigueur à notre égard.

Tout ce qu'il disait du mécontentement de ces peuples et de la nécessité de fermer leur port aux étrangers, était vrai; mais il n'ajoutait pas que ce mécontentement venait de la tyrannie des Hollandais, aussi bien que la dureté dont je me plaignais. Voici, en peu de mots, ce qui avait donné lieu à l'un et à l'autre.

Il y avait déjà cinq ou six ans que le sultan Agun, lassé des embarras de la royauté, s'était démis de la couronne en faveur du sultan Agui, son fils.

Quelques années après, soit qu'il eût regret à sa première démarche, soit que son fils abusât en effet de l'autorité souveraine, il songea aux moyens de remonter sur le trône. Il en conféra secrètement avec les pangrans, qui sont les grands seigneurs du royaume, et après avoir bien pris avec eux toutes ses mesures, tout paraissant favorable à son dessein, il se déclara ouvertement et reprit les ornements de la royauté.

---

1. Batavia, capitale de l'île de Java.

Ses peuples, qui avaient été heureux sous sa domination, retournèrent à lui avec joie. Il se vit bientôt à la tête d'une armée de trente mille hommes, et alors se trouvant assez fort pour achever ce qu'il avait commencé, il vint assiéger son fils dans la forteresse de Bantan. Le jeune roi, abandonné de tout le monde, eut recours aux Hollandais : ils furent quelque temps à hésiter s'ils prendraient parti dans cette affaire ; mais enfin, persuadés qu'ils ne pourraient qu'y gagner, ils embrassèrent la défense de ce prince, et entrèrent dans le pays. Les Javans, aidés de quelques Macassars [1], voulurent empêcher la descente ; l'action fut vigoureuse de part et d'autre ; mais les Javans furent défaits, et les Hollandais demeurèrent victorieux.

Se voyant les maîtres, ils s'emparèrent de la citadelle, et s'assurèrent du jeune roi. Peu de temps après, ils attaquèrent le père, le surprirent dans une embuscade et le firent prisonnier. Comme ce prince était fort aimé de ses sujets, les Hollandais le renfermèrent très-étroitement : le fils, moins aimé, et par conséquent moins dangereux, fut un peu moins resserré ; ils lui laissèrent les dehors de la royauté, tandis qu'ils faisaient, sous son nom, gémir les peuples qu'ils opprimaient.

1. Les Macassars, habitants de Macassar, ville et royaume de l'île de Célèbes.

Leur domination était trop odieuse pour n'être pas détestée. Ainsi, craignant toujours quelque révolte, ils éloignaient avec grand soin de leur port, en prétextant toujours les ordres du roi, tous les étrangers dont l'abord aurait pu favoriser les remucments. Ce fut en conséquence de cette politique qu'ils nous refusèrent, comme ils avaient refusé à tant d'autres, les rafraîchissements que nous demandions. Je n'eus donc d'autre parti à prendre que d'entrer dans ma chaloupe, pour revenir à bord rendre compte du peu de succès de ma négociation.

A peine étais-je en mer, que j'aperçus un bâtiment qui de loin me parut assez peu considérable : je voulus le reconnaître, et je trouvai que c'était notre frégate, qui, ayant eu dans sa route des vents plus favorables que nous, était à l'ancre depuis quatre jours, à côté d'une petite île derrière laquelle nous avions d'abord mouillé. Après nous être témoigné la joie qu'il y a à se retrouver, j'appris de M. Joyeux, et de tout le reste de l'équipage, que les Hollandais en avaient usé, à leur égard, à peu près comme avec nous ; que, sur le refus qu'ils leur avaient fait, ils auraient fait voile pour Batavie depuis trois jours, mais qu'ils avaient voulu attendre, dans la pensée qu'ils pourraient avoir de nos nouvelles.

Nous regagnâmes ensemble le vaisseau où nous

nous consolâmes de la dureté des Hollandais, par le plaisir de nous revoir. Le lendemain, le vent nous ayant paru favorable, et toutes les voies nous étant interdites du côté de Bantan, nous levâmes l'ancre, et nous fîmes route pour Batavie. Quoique cette ville ne soit éloignée de Bantan que de douze lieues, ainsi que j'ai déjà dit, faute de pilote entendu, nous n'allions qu'en tâtonnant, et nous fûmes deux jours et demi à faire ce trajet. Nous entrâmes enfin dans la rade, où, à cause des bancs de sable et des rochers, dont toute la côte est croisée en mille endroits, nous risquâmes cent fois de nous perdre.

Batavie est la capitale des Hollandais dans les Indes; leur puissance y est formidable; ils y entretiennent ordinairement cinq ou six mille hommes de troupes réglées, composées de différentes nations. La citadelle qui est placée vers le milieu de la rade, est bâtie sur des pilotis : elle est de quatre bastions entourés d'un fossé plein d'eau vive; la ville est bien bâtie, toutes les maisons en sont blanches, à la manière des Hollandais; elle est remplie d'un peuple infini, parmi lequel on voit un très-grand nombre de Français religionnaires et catholiques que le commerce y a attirés.

Le général de la compagnie des Indes y fait résidence : il commande dans toutes les Indes hollandaises, et sa cour n'est ni moins nom-

breuse, ni moins brillante que celle des rois. Il
règle avec un conseil toutes les affaires de la nation : il n'est pourtant pas obligé de déférer aux
délibérations du conseil, et il peut agir par lui-
même au préjudice de ce qui aurait été arrêté :
mais en ce cas il demeure chargé de l'événement,
et il en répond. C'est à lui que s'adressent les
ambassades de tous les princes des Indes, auxquels il envoie lui-même des ambassadeurs au
nom de la nation : il fait la paix et la guerre,
comme il lui plaît, sans qu'aucune puissance ait
droit de s'y opposer. Son généralat n'est que pour
rois ans : mais il est ordinairement continué
pour toute la vie, de sorte qu'il est très-rare,
pour ne pas dire sans exemple, qu'un général de
la compagnie des Indes ait été destitué.

Dès que nous eûmes mouillé, je fus mis à terre
pour lui aller faire compliment : en débarquant,
je fus reçu par un officier du port, qui me con-
duisit au palais. A mon arrivée, la garde ordinaire, qui est très-nombreuse, se mit sous les
armes, et se rangea sur deux files, à travers desquelles je fus introduit dans une galerie ornée
des plus belles porcelaines du Japon.

J'y trouvai Son Excellence (c'est le titre qu'on
donne au général de la compagnie des Indes); il
m'écouta pendant tout le temps debout, et chapeau bas; l'accueil qu'il me fit répara amplement

tout ce que j'avais eu à essuyer à Bantan. Il me parla toujours français : nous ne pûmes pas convenir du salut coup pour coup, comme je le voulais. Je ne sais où le père Tachard a pris tout ce qu'il dit dans sa relation sur cet article; il va jusqu'à compter les coups de canon qui furent tirés; ce qu'il y a de bien certain, c'est qu'il fut arrêté qu'on ne saluerait de part ni d'autre. Pour tout le reste, je n'eus qu'à demander, le général m'ayant assuré d'abord en termes exprès, qu'il n'y avait rien qu'il ne fût en état de faire, pour témoigner à M. l'ambassadeur la considération qu'il avait pour son caractère, et le cas particulier qu'il faisait de sa personne.

Je revins aussitôt à bord, comblé de joie, et j'y rendis compte de tout ce qui venait de se passer. Peu après mon retour, le général envoya visiter M. de Chaumont, à qui on offrit de sa part douze mannequins pleins d'herbes et de toutes sortes de fruits; un moment après, de nouveaux envoyés lui présentèrent deux bœufs et plusieurs moutons; ce général continua ainsi de le faire saluer de temps en temps, par les principaux de la ville, et de lui envoyer tous les jours toutes sortes de rafraîchissements pour sa table, et pour l'équipage des deux vaisseaux.

Nous passâmes huit jours entiers à Batavie, où nous reçûmes toutes les civilités imaginables de la part des officiers. Ce fut pendant ce séjour que je vendis les deux caisses de corail dont j'avais été chargé à Paris. Un marchand chinois s'en accommoda, en me prenant mon corail au poids, et me rendant en argent huit fois autant pesant, ce qui revint à la somme de six mille livres qui me fut comptée en coupons d'or, c'est une monnaie du Japon. Si je ne m'étais pas tant pressé, j'en aurais tiré un meilleur parti, car il valait plus que cela : mais je crus avoir fait un grand coup de retirer six mille livres d'une marchandise que l'on pouvait avoir en France pour cinq cents francs.

Tous nos rafraîchissements étant faits, et nous étant munis d'un bon pilote, nous fîmes route pour Siam. Comme le vent était favorable, nous mîmes à la voile dès le grand matin. Sur les onze heures du soir, la nuit étant assez obscure, nous aperçûmes près de nous un gros navire qui venait à toutes voiles. A sa manœuvre, nous ne doutâmes pas qu'il ne voulût aborder. Tout le monde prit les armes : nous tirâmes sur lui un coup de canon; cela ne le fit pas changer de route : pour éviter l'abordage nous fîmes vent arrière; mais malgré tous nos efforts, le vaisseau aborda par la poupe, et brisa une partie de notre couronnement; j'étais posté sur la dunette, d'où je fis tirer quelques coups de fusil; personne ne parut : alors ayant poussé à force, je fis déborder. Plusieurs étaient d'avis de poursuivre ce bâtiment; mais M. l'ambassadeur ne voulant pas le permettre, nous continuâmes notre route, et dans l'obscurité de la nuit, nous le perdîmes bientôt de vue.

L'équipage fit bien des raisonnements sur cette aventure : les uns voulaient que ce fût un brûlot que les Hollandais avaient posté derrière quelque île pour faire périr les vaisseaux du roi, et empêcher l'ambassade de Siam, qui ne leur faisait pas plaisir : d'autres imaginaient quelque autre chose; pour moi je crus (et la vérification que nous en fîmes à Siam, justifia ma pensée), je crus, dis-je, que c'était un navire dont tout l'équipage s'était enivré, et dont le reste, effrayé du coup de canon que nous avions tiré, s'était sauvé sous le pont, personne n'ayant osé donner signe de vie.

A cette aventure près, dont nous n'eûmes que l'alarme, nous continuâmes fort paisiblement notre route, jusqu'à la Barre de Siam, où nous mouillâmes le 23 septembre, environ six mois après être partis du port de Brest.

II.

Séjour des ambassadeurs à Joudia. — M. de Chaumont repart pour la France, et laisse le comte de Forbin à la cour du roi de Siam.

La Barre de Siam n'est autre chose qu'un grand banc de vase, formé par le dégorgement de la rivière, à deux lieues de son embouchure. Les eaux sont si basses en cet endroit, que dans les plus hautes marées, elles ne s'élèvent jamais au delà de douze à treize pieds, ce qui est cause que les gros vaisseaux ne sauraient aller plus avant.

Dès que nous eûmes mouillé, je partis avec M. Le Vacher pour aller annoncer l'arrivée de M. l'ambassadeur dans les États du roi de Siam. La nuit nous prit à l'entrée de la rivière : ce fleuve est un des plus considérables des Indes, il s'appelle *Menan*, c'est-à-dire mère des eaux. La marée, qui est fort haute dans ce pays, devenant contraire, nous fûmes obligés de relâcher. Nous vîmes en abordant trois ou quatre petites maisons de cannes, couvertes de feuilles de palmier. M. Le Vacher me dit que c'était là où demeurait le gouverneur de la Barre : nous descendîmes de notre canot, et nous trouvâmes dans l'une de ces maisons trois ou quatre hommes assis à terre sur leur cul, ruminant comme des bœufs, sans souliers, sans bas, sans chapeau, et n'ayant sur tout le corps qu'une simple toile dont ils couvraient leur nudité. Le reste de la maison était aussi pauvre qu'eux; je n'y vis ni chaises, ni aucun meuble : je demandai en entrant où était le gouverneur; un de la troupe répondit : C'est moi.

Cette première vue rabattit beaucoup des idées que je m'étais formées de Siam ; cependant j'avais grand appétit, je demandai à manger : ce bon gouverneur me présenta du riz, je lui demandai s'il n'avait pas autre chose à me donner, il me répondit *amay*, qui veut dire *non*.

C'est ainsi que nous fûmes régalés en abordant. Sur quoi je dirai franchement que j'ai été surpris plus d'une fois, que l'abbé de Choisy et le père Tachard qui ont fait le même voyage, et qui ont vu les mêmes choses que moi, semblent s'être accordés pour donner au public, sur le royaume de Siam, des idées si brillantes et si peu conformes à la vérité. Il est vrai que n'y ayant demeuré que peu de mois, et M. Constance, premier ministre, ayant intérêt de les éblouir par les raisons que je dirai en son lieu, ils ne virent dans ce royaume que ce qu'il y avait de plus propre à imposer : mais au bout du compte, il faut qu'ils aient été étrangement prévenus, pour n'y avoir pas aperçu la misère qui se manifeste partout, à tel point qu'elle saute aux yeux, et qu'il est impossible de ne la voir pas. Cela soit dit en passant : revenons à notre voyage.

La marée étant devenue favorable, nous nous rembarquâmes, et nous poursuivîmes notre route en remontant la rivière ; nous fîmes, pour le moins, douze lieues sans voir ni château ni village, à la réserve de quelques malheureuses cabanes, comme celles de la Barre. Pour nous achever, la pluie survint : nous allâmes pourtant toujours, et nous arrivâmes à Bancok[1] sur les dix heures du soir.

Le gouverneur de cette place, turc de nation, et un peu mieux accommodé que celui de la Barre, nous donna un assez mauvais souper à la turque ; on nous servit du sorbec[2] pour toute boisson ; je m'accommodai assez mal de la nourriture et du breuvage, mais il fallut prendre patience. Le lendemain matin, M. Le Vacher prit un *balon* : ce sont les bateaux du pays, et s'en alla à Siam, annoncer l'arrivée de l'ambassadeur de France à la Barre, et moi je rentrai dans le canot pour regagner notre vaisseau.

1. Bancok, capitale actuelle du royaume de Siam. A l'époque du voyage du chevalier de Forbin, la capitale était Joudia, improprement appelée Siam dans quelques relations.
2. Sorbec : sorbet ?

Avant de partir, je demandai au gouverneur, si, pour de l'argent, on ne pourrait point avoir des herbes, du fruit, et quelques autres rafraîchissements pour porter à bord : il me répondit amay. Comme nos gens attendaient de mes nouvelles avec impatience, du plus loin qu'on me vit venir, on me demanda en criant si j'apportais avec moi de quoi rafraîchir l'équipage; je répondis amay; « je ne rapporte, ajoutai-je, que des morsures de cousins, qui nous ont persécutés pendant toute notre course. »

Nous fûmes cinq à six jours à l'ancre sans que personne parût : au bout de ce temps nous vîmes arriver à bord deux envoyés du roi de Siam, avec M. de Lano, vicaire apostolique et évêque de Métellopolis, et M. l'abbé de Lionne[1]. Les envoyés firent compliment à M. l'ambassadeur de la part du roi, et de la part de M. Constance. Peu après les rafraîchissements commencèrent à venir d'abord en petite quantité, mais ensuite fort abondamment, en sorte que les équipages ne manquèrent plus de poules, de canards, de vedels, et de toutes sortes de fruits des Indes; mais nous ne reçûmes que très-peu d'herbes.

La cour fut quinze jours pour préparer l'entrée

---

1. L'abbé de Lionne, troisième fils du ministre Lionne. Il mourut évêque de Rosalie *in partibus*.

de M. l'ambassadeur; elle fut ordonnée de la manière suivante. On fit bâtir sur le bord de la rivière, de distance en distance, quelques maisons de cannes, doublées de grosses toiles peintes. Comme les vaisseaux du roi ne pouvaient remonter la rivière, la Barre ne donnant pas assez d'eau pour passer, on prépara des bâtiments propres au transport.

La première entrée dans la rivière fut sans cérémonie, à la réserve de quelques mandarins qui étaient venus recevoir Son Excellence, et qui avaient ordre de l'accompagner. Nous fûmes bien quinze jours pour arriver de la Barre à la ville de Joudia ou Odia, capitale du royaume.

Je ne saurais m'empêcher de relever encore ici une bévue de nos faiseurs de relations. Ils parlent à tout bout de champ d'une prétendue ville de Siam, qu'ils appellent la capitale du royaume, qu'ils ne disent guère moins grande que Paris, et qu'ils embellissent comme il leur plaît. Ce qu'il y a de bien certain, c'est que cette ville n'a jamais subsisté que dans leur imagination; que le royaume de Siam n'a d'autre capitale que Odia ou Joudia, et que celle-ci est à peine comparable pour la grandeur à ce que nous avons en France de villes du quatrième et du cinquième ordre.

Les maisons de cannes qu'on avait bâties sur la route étaient mouvantes; dès que l'ambassadeur

et sa suite en étaient sortis, on les démontait :
celles de la dînée servaient pour la dînée du lendemain, et celles de la couchée pour la couchée
du jour d'après. Dans ce mouvement continuel,
nous arrivâmes près de la capitale, où nous trouvâmes une grande maison de cannes, qui ne fut
plus mouvante, et où M. l'ambassadeur fut logé,
jusqu'au jour de l'audience; en attendant il fut vi-
sité de tous les grands mandarins du royaume.
M. Constance y vint, mais incognito, par rapport à sa dignité et au rang qu'il tenait dans le
royaume; car il en était le maître absolu.

On traita d'abord du cérémonial, et il y eut de
grandes contestations sur la manière dont on re-
mettrait la lettre du roi au roi de Siam. M. l'ambassadeur voulait la donner de la main à la main:
cette prétention choquait ouvertement les usages
des rois de Siam, car comme ils font consister
leur principale grandeur, et la marque de leur
souveraine puissance, à être toujours montés bien
au-dessus de ceux qui paraissent devant eux, et
que c'est pour cette raison qu'ils ne donnent jamais audience aux ambassadeurs que par une
fenêtre fort élevée qui donne dans la salle où ils
les reçoivent, il aurait fallu pour parvenir à la
main du roi, élever une estrade à plusieurs mar-
ches, ce qu'on ne voulut jamais accorder; cette
difficulté nous arrêta plusieurs jours. Enfin, après

bien des allées et des venues, où je fus souvent
employé en qualité de major, il fut conclu que le
jour de l'audience, la lettre du roi serait mise
dans une coupe d'or, qui serait portée par un
manche de même métal d'environ trois pieds et
demi, posé par-dessous, et à l'aide duquel l'ambassadeur pourrait l'élever jusqu'à la fenêtre du
roi.

Le jour de l'audience, tous les grands mandarins dans leurs balons, précédés par ceux du
roi et de l'État, se rendirent à la maison de
M. l'ambassadeur. Les balons, ainsi que j'ai déjà
dit, sont de petits bâtiments dont on se sert communément dans le royaume. Il y en a une quantité prodigieuse, sans quoi l'on ne saurait aller,
tout le pays étant inondé six mois de l'année, tant
à cause de la situation des terres qui sont extrêmement basses, qu'à cause des pluies presque
continuelles dans certaine saison.

Ces balons sont formés d'un seul tronc d'arbre
creusé; il y en a de si petits, qu'à peine celui qui
les conduit peut y entrer. Les plus grands n'ont
pas plus de quatre ou cinq pieds dans leur plus
grande largeur; mais ils sont fort longs, en sorte
qu'il n'est pas extraordinaire d'en trouver qui ont
au delà de quatre-vingts rameurs; il y en a même
qui en ont jusqu'à cent vingt. Les rames dont on
se sert sont comme une espèce de pelle, de la

largeur de six pouces par le bas, qui va en s'arrondissant, et longues d'un peu plus de trois pieds. Les rameurs sont dressés à suivre la voix d'un guide qui les conduit, et à qui ils obéissent avec une adresse merveilleuse. Parmi ces balons, on en voit de superbes; ils représentent, pour la plupart, des figures de dragons ou de quelque monstre marin, et ceux du roi sont entièrement dorés.

Dans la multitude de ceux qui s'étaient rendus près du logis de M. l'ambassadeur, il y en avait peu qui ne fussent magnifiques. Les mandarins ayant mis pied à terre, et ayant salué Son Excellence, nous nous embarquâmes dans l'ordre suivant. La lettre du roi fut posée dans un balon, sur un trône fort élevé; M. l'ambassadeur, M. l'abbé de Choisy et leur suite se placèrent, ou dans les balons du roi, ou dans les balons de l'État, les mandarins rentrèrent dans les leurs, et, en cet ordre, nous partîmes au bruit des trompettes et des tambours; les deux côtés de la rivière jusqu'au lieu où nous devions débarquer étant bordés d'un peuple infini, que la nouveauté du spectacle avait attiré, et qui se prosternait à terre à mesure qu'il voyait paraître le balon qui portait la lettre du roi.

Cette marche fut continuée jusqu'à une certaine distance du palais, où, étant descendu, M. l'ambassadeur trouva une manière d'estrade portative, parée d'un velours cramoisi, sur laquelle s'élevait un fauteuil doré; il y avait encore deux autres estrades moins ornées, une pour M. l'abbé de Choisy, et la dernière pour le vicaire apostolique. Ils furent tous trois portés dans cet état jusqu'au palais, où tout le cortége à cheval les accompagnait.

Nous entrâmes d'abord dans une cour fort spacieuse, dans laquelle était un grand nombre d'éléphants, rangés sur deux lignes, que nous traversâmes. On y voyait l'éléphant blanc si respecté chez les Siamois, séparé des autres par distinction. De cette cour nous entrâmes dans une seconde, où étaient cinq à six cents hommes assis à terre, comme ceux que nous vîmes à la Barre, ayant les bras peints de bandes bleues : ce sont les bourreaux, et en même temps la garde des rois de Siam. Après avoir passé plusieurs autres cours, nous parvînmes jusqu'à la salle de l'audience : c'est un carré long, où l'on monte par sept à huit degrés.

M. l'ambassadeur fut placé sur un fauteuil, tenant par la queue la coupe où était la lettre du roi; M. l'abbé de Choisy était à son côté droit, mais plus bas sur un tabouret, et le vicaire apostolique de l'autre côté à terre, sur un tapis de pied, mis exprès, et plus propre que le grand tapis, dont tout le parquet était couvert. Toute la suite de l'ambassadeur était de même assise à terre, ayant les jambes croisées. On nous avait recommandé, sur toute chose, de prendre garde que nos pieds ne parussent, n'y ayant pas à Siam un manque de respect plus considérable que de les montrer. M. l'ambassadeur, l'abbé de Choisy, et M. de Métellopolis faisaient face au trône, placés sur une même ligne; nous étions tous rangés derrière eux sur la même file. Sur la gauche étaient les grands mandarins, ayant à leur côté les plus qualifiés, et ainsi successivement de dignités en dignités jusqu'à la porte de la salle.

Lorsque tout fut prêt, un gros tambour battit un coup : à ce signal les mandarins qui n'avaient pour tout habillement qu'un linge qui les couvrait depuis la ceinture jusqu'à demi-cuisse, une espèce de chemisette de mousseline, et un panier sur la tête d'un pied de long, terminé en pyramide, et couvert d'une mousseline, se couchèrent tous et demeurèrent à terre appuyés sur les genoux et sur les coudes. La posture de ces mandarins avec leurs paniers dans le cul l'un de l'autre, fit rire tous les Français : le tambour que nous avions ouï d'abord, battit encore plusieurs coups, en laissant un certain intervalle d'un coup à l'autre, et au sixième coup, le roi ouvrit, et parut à la fenêtre.

Il portait sur sa tête un chapeau pointu, tel

qu'on les portait autrefois en France, mais dont
le bord n'avait guère plus d'un pouce de large;
ce chapeau était attaché sous le menton avec un
cordon de soie. Son habit était à la persienne
d'une étoffe couleur de feu et or. Il était ceint
d'une riche écharpe, dans laquelle était passé un
poignard, et il avait un grand nombre de bagues
de prix dans plusieurs de ses doigts. Ce prince
était âgé d'environ cinquante ans, fort maigre,
de petite taille, sans barbe, ayant sur le côté gauche du menton une grosse verrue, d'où sortaient
deux longs poils qui ressemblaient à du crin.
M. de Chaumont, après l'avoir salué par une pro-
fonde inclination, prononça sa harangue assis et
la tête couverte. M. Constance servit d'interprète,
après quoi M. l'ambassadeur s'étant approché de
la fenêtre, présenta la lettre à ce bon roi, qui,
pour la prendre, fut obligé de s'incliner beaucoup, et de sortir de sa fenêtre à demi-corps, soit
que M. l'ambassadeur le fît exprès, soit que la
queue de la soucoupe ne se fût pas trouvée assez
longue.

Sa Majesté Siamoise fit quelques questions à
M. l'ambassadeur; il l'interrogea sur la santé du
roi et de la famille royale, s'enquit de quelques autres particularités touchant le royaume de France.
Ensuite le gros tambour battit, le roi ferma sa fenêtre, et les mandarins se redressèrent.

L'audience finie, on reprit la marche; et M. l'ambassadeur fut conduit dans la maison qui lui était préparée. Elle était de brique, assez petite, mal bâtie, la plus belle pourtant qu'il y eût dans la ville; car on ne doit pas compter de trouver dans le royaume de Siam des palais qui répondent à la magnificence des nôtres. Celui du roi est fort vaste, mais mal bâti, sans proportion et sans goût; tout le reste de la ville, qui est très-malpropre, n'a que des maisons, ou de bois, ou de cannes, excepté une seule rue d'environ deux cents maisons, assez petites, bâties de brique, et à un seul étage. Ce sont les Maures et les Chinois qui les habitent. Pour les pagodes, ou temples des idoles, elles sont bâties de brique, et ressemblent assez à nos églises. Les maisons des talapoins, qui sont les moines du pays, ne sont que de bois, non plus que les autres.

Outre l'audience publique, M. l'ambassadeur eut encore plusieurs entretiens avec le roi. C'est une chose fatigante que le cérémonial de ce pays, jamais d'entrevue particulière avant laquelle il n'y eût mille choses à régler sur ce sujet. En qualité de major, j'étais chargé d'aller, de venir et de porter toutes les paroles. Dans tout ce manége que je fus obligé de faire, et dont le roi fut témoin plus d'une fois, j'eus, je ne sais si je dois dire, le bonheur ou le malheur de lui plaire : quoi qu'il en soit, ce prince souhaita de me retenir auprès de lui, il en parla à M. Constance.

Ce ministre qui avait ses vues, et qui, par des raisons que je dirai en son lieu, ne désirait pas de me voir retourner en France, au moins sitôt, fut ravi des dispositions du roi, et profita de l'occasion qui s'offrait comme d'elle-même. Il fit entendre à Sa Majesté qu'outre les services que je pourrais lui rendre dans ses États, il était convenable que voulant envoyer des ambassadeurs en France (car ils étaient déjà nommés, et tout était prêt pour le départ), quelqu'un de la suite de M. l'ambassadeur restât dans le royaume, comme en otage, pour lui répondre de la conduite que la cour de France tiendrait avec les ambassadeurs de Siam.

Sur ces raisons bonnes ou mauvaises, le roi se détermina à ne pas me laisser partir, et M. Constance eut ordre d'expliquer à M. de Chaumont les intentions de Sa Majesté. M. de Chaumont répondit au ministre qu'il n'était pas le maître de ma destination, et qu'il ne lui appartenait pas de disposer d'un officier du roi, surtout lorsqu'il était d'une naissance et d'un rang aussi distingué que l'était celui du chevalier de Forbin. Ces difficultés ne rebutèrent pas M. Constance, il revint à la charge, et après bien des raisons dites et rebatlues de part et d'autre, il déclara à M. l'ambassadeur que le roi voulait absolument me retenir en otage auprès de lui.

Ce discours étonna M. de Chaumont, qui, ne voyant plus de jour à mon départ, concerta avec M. Constance et M. l'abbé de Choisy, qui entrait dans tous leurs entretiens particuliers, les moyens de me faire consentir aux intentions du roi. L'abbé de Choisy fut chargé de m'en faire la proposition; je n'étais nullement disposé à la recevoir. Je lui répondis que mettant à part le désagrément que j'aurais de rester dans un pays si éloigné, et dont les manières étaient si opposées au génie de ma nation, il n'y avait pas d'apparence que je sacrifiasse les petits commencements de fortune que j'avais en France, et l'espérance de m'élever à quelque chose de plus pour rester à Siam, où les plus grands établissements ne valaient pas le peu que j'avais déjà.

L'abbé de Choisy n'eut pas grande peine à entrer dans mes raisons, et reconnaissant l'injustice qu'il y aurait à me violenter sur ce point, il proposa mes difficultés à M. Constance, qui, prenant la parole, lui dit : « Monsieur, que M. le chevalier de Forbin ne s'embarrasse pas de sa fortune, je m'en charge : il ne connaît pas encore ce pays et tout ce qu'il vaut; on le fera grand amiral, général des armées du roi et gouverneur de Bancok, où l'on va incessamment faire bâtir une citadelle pour y recevoir les troupes que le roi de France doit envoyer. »

Toutes ces belles promesses, qui me furent rapportées par M. l'abbé de Choisy, ne me tentèrent pas : je connaissais toute la misère de ce royaume, et je persistai toujours à vouloir retourner en France. M. de Chaumont qui était pressé par le roi, et encore plus par son ministre, ne pouvant lui refuser ce qu'il lui demandait si instamment, vint me trouver lui-même : « Je ne puis refuser, me dit-il, à Sa Majesté Siamoise la demande qu'elle me fait de votre personne ; je vous conseille, comme à mon ami particulier, d'accepter les offres qu'on vous fait, puisque d'une manière ou d'autre, dès lors que le roi le veut absolument, vous serez obligé de rester. »

Piqué de me voir si vivement pressé, je lui répondis qu'il avait beau faire, que je ne voulais pas rester à Siam, et que je n'y consentirais jamais, à moins qu'il ne me l'ordonnât de la part du roi. « Eh bien, je vous l'ordonne, » me dit-il. N'ayant pas d'autre parti à prendre, j'acquiesçai, mais j'eus la précaution de lui demander un ordre par écrit, ce qu'il m'accorda fort gracieusement. Quatre jours après je fus installé amiral et général des armées du roi de Siam, et je reçus en présence de M. l'ambassadeur et de toute sa suite, qui m'en firent leur compliment, le sabre et la veste, marques de ma nouvelle dignité.

Tandis que M. Constance faisait jouer tous ces ressorts pour me retenir à Siam, comme il allait toujours à ses fins, il n'oubliait rien de tout ce qui pouvait donner aux Français une grande idée du royaume. C'était des fêtes continuelles, et toujours ordonnées avec tout l'appareil qui pouvait les relever. Il eut soin d'étaler à M. l'ambassadeur et à nos Français toutes les richesses du trésor royal, qui sont en effet dignes d'un grand roi et capables d'imposer; mais il n'eut garde de leur dire que cet amas d'or, d'argent et de pierres de grand prix était l'ouvrage d'une longue suite de rois qui avaient concouru à l'augmenter, l'usage étant établi à Siam que les rois ne s'illustrent qu'autant qu'ils augmentent considérablement ce trésor, sans qu'il leur soit jamais permis d'y toucher, quelque besoin qu'ils en puissent avoir d'ailleurs.

Il lui fit visiter ensuite toutes les plus belles pagodes de la ville et de la campagne ; on appelle pagodes, à Siam, les temples des idoles et les idoles elles-mêmes ; ces temples sont remplis de statues de plâtre, dorées avec tant d'art qu'on les prendrait aisément pour de l'or. M. Constance ne manqua pas de faire entendre qu'elles en étaient en effet, ce qui fut cru d'autant plus facilement

qu'on ne pouvait les toucher, la plupart étant po-
sées dans des endroits fort élevés et les autres
étant fermées par des grilles de fer qu'on n'ouvre
jamais, et dont il n'est permis d'approcher qu'à
une certaine distance.

La magnificence des présents destinés au roi et
à la cour pouvant contribuer au dessein que le
ministre se proposait, il épuisa le royaume pour
les rendre en effet très-magnifiques. Il n'y a qu'à
voir ce qu'en ont écrit le père Tachard et l'abbé
de Choisy; on peut dire dans la vérité qu'il porta
les choses jusqu'à l'excès, et que non content d'a-
voir ramassé tout ce qu'il put trouver à Siam,
ayant outre cela envoyé à la Chine et au Japon,
pour en rapporter ce qu'il y avait de plus rare et
de plus curieux, il ne discontinua à faire porter
sur les vaisseaux du roi que lorsqu'ils n'en purent
plus contenir.

Enfin, pour ne laisser rien en arrière, chacun
eut son présent en particulier, et il n'y eut pas
jusqu'aux matelots qui ne se sentissent de ses
libéralités. Voilà comment et par quelles voies
M. l'ambassadeur et tous nos Français furent
trompés par cet habile ministre qui, ne perdant
pas de vue son projet, n'oubliait rien de tout ce
qui pouvait concourir à le faire réussir.

Tout se préparait pour le départ. M. de Chaumont eut son audience de congé; comme je ne

devais pas le suivre, et que je ne trouvais pas à employer à Siam les six mille livres que m'avait produits le corail de Mme Rouillet, je remis cette somme entre les mains du facteur des Indes, de qui je retirai une lettre de change que j'envoyai à cette dame, m'excusant de n'avoir pas fait ses commissions, sur ce que je n'avais pas trouvé de quoi employer son argent d'une manière convenable. Enfin le jour du départ étant arrivé, nous partîmes, M. Constance et moi, pour accompagner M. l'ambassadeur jusqu'à son bord, d'où après bien des témoignages d'amitié de part et d'autre nous retournâmes à Louvo.

Il est temps maintenant d'expliquer les vues de politique de M. Constance ; nous dirons après les raisons pour lesquelles il souhaitait si ardemment de me retenir à Siam. Ce ministre, grec de nation, et qui, de fils d'un cabaretier d'un petit village appelé la Custode dans l'île de Céphalonie, était parvenu à gouverner despotiquement le royaume de Siam, n'avait pu s'élever à ce poste et s'y maintenir sans exciter contre lui la jalousie et la haine de tous les mandarins et du peuple même.

Il s'attacha d'abord au service du barkalon, c'est-à-dire au premier ministre : il en fut très-goûté ; ses manières douces et engageantes, et plus que tout cela, un esprit propre pour les affaires, et que rien n'embarrassait, lui attirèrent bientôt toute la confiance de son maître, qui le combla de biens, et qui le présenta au roi comme un sujet propre à le servir fidèlement.

Ce prince ne le connut pas longtemps sans prendre aussi confiance en lui : mais par une ingratitude qu'on ne saurait assez détester, le nouveau favori ne voulant plus de concurrent dans les bonnes grâces du prince, et abusant du pouvoir qu'il avait déjà auprès de lui, fit tant qu'il rendit le barkalon suspect et qu'il engagea peu après le roi à se défaire d'un sujet fidèle et qui l'avait toujours bien servi. C'est par là que M. Constance, faisant de son bienfaiteur la première victime qu'il immola à son ambition, commença à se rendre odieux à tout le royaume.

Les mandarins et tous les grands, irrités d'un procédé qui leur donnait lieu de craindre à tout moment pour eux-mêmes, conspirèrent en secret contre le nouveau ministre et se proposèrent de le perdre auprès du roi ; mais il n'était plus temps : il disposait si fort de l'esprit du prince, qu'il en coûta la vie à plus de trois cents d'entre eux, qui avaient voulu croiser sa faveur. Il sut ensuite si bien profiter de sa fortune et des faiblesses de son maître, qu'il ramassa des richesses immenses, soit par ses concussions et par ses violences, soit par le commerce dont il s'était emparé et qu'il faisait seul dans tout le royaume.

Tant d'excès qu'il avait pourtant toujours colorés sous le prétexte du bien public, avaient soulevé tout le royaume contre lui : mais tout se passait dans le secret, et personne n'osait se déclarer ; ils attendaient une révolution que la vieillesse du roi et sa santé chancelante leur faisaient regarder comme prochaine.

Constance n'ignorait pas leur mauvaise disposition à son égard ; il avait trop d'esprit, il connaissait trop les maux qu'il leur avait faits, pour croire qu'ils les eussent sitôt oubliés eux-mêmes. Il savait d'ailleurs, mieux que personne, combien peu il y avait à compter sur la santé du roi toujours faible et languissante. Il connaissait aussi tout ce qu'il avait à craindre d'une révolution, et il comprenait fort bien qu'il ne s'en tirerait jamais, s'il n'était appuyé d'une puissance étrangère qui le protégeât en s'établissant dans le royaume.

C'était là, en effet, tout ce qu'il avait à faire et l'unique but qu'il se proposait. Pour y parvenir, il fallait d'abord persuader au roi de recevoir dans ses États des étrangers, et leur confier une partie de ses places. Ce premier pas ne coûta pas beaucoup à M. Constance ; le roi déférait tellement à tout ce que son ministre lui proposait, et celui-

ci lui fit valoir si habilement tous les avantages
d'une alliance avec des étrangers, que ce prince
donna aveuglément dans tout ce qu'on voulut. La
grande difficulté fut de se déterminer dans le
choix du prince à qui on s'adresserait.

Constance qui n'agissait que pour lui n'avait
garde de songer à aucun prince voisin : le manque de fidélité est ordinaire chez eux, et il y avait
trop à craindre qu'après s'être engraissés de ses
dépouilles, ils ne le livrassent aux poursuites des
mandarins, ou ne fissent quelque traité dont sa
tête eût été le prix.

Les Anglais et les Hollandais ne pouvaient être
attirés à Siam par l'espérance du gain, le pays ne
pouvant fournir à un commerce considérable : les
mêmes raisons ne lui permettaient pas de s'adresser ni aux Espagnols, ni aux Portugais; enfin,
ne voyant pas d'autre ressource, il crut que les
Français seraient plus aisés à tromper. Dans cette
vue, il engagea son maître à rechercher l'alliance
du roi de France par l'ambassade dont nous avons
parlé d'abord; et ayant chargé en particulier les
ambassadeurs d'insinuer que leur maître songeait
à se faire chrétien, chose à quoi il n'avait jamais
pensé, le roi crut qu'il était de sa piété de concourir à cette bonne œuvre, en envoyant à son
tour des ambassadeurs au roi de Siam.

Constance voyant qu'une partie de son projet

avait si bien réussi, songea à tirer parti du reste. Il commença par s'ouvrir d'abord à M. de Chaumont, à qui il fit entendre que les Hollandais, dans le dessein d'agrandir leur commerce, avaient souhaité depuis longtemps un établissement à Siam; que le roi n'en avait jamais voulu entendre parler, craignant l'humeur impérieuse de cette nation, et appréhendant qu'ils ne se rendissent maîtres de ses États: mais que si le roi de France, sur la bonne foi de qui il avait plus à compter, voulait entrer en traité avec Sa Majesté Siamoise, il se faisait fort de lui faire remettre la forteresse de Bancok, place importante dans le royaume, et qui en est comme la clef, à condition toutefois qu'on y enverrait des troupes, des ingénieurs, et tout l'argent qui serait nécessaire pour commencer l'établissement.

M. de Chaumont et M. l'abbé de Choisy, à qui cette affaire avait été communiquée, ne la jugeant pas faisable, ne voulurent pas s'en charger. Le père Tachard n'y fit pas tant de difficulté; ébloui d'abord par les avantages qu'il crut que le roi retirerait de cette alliance, avantages que Constance fit sonner bien haut, et fort au delà de toute apparence de vérité; trompé d'ailleurs par ce ministre adroit, et même hypocrite quand il en était besoin, et qui, cachant toutes ses menées sous une apparence de zèle, lui fit voir tant d'a-

vantages pour la religion, soit de la part du roi
de Siam, qui, selon lui, ne pouvait manquer
de se faire chrétien un jour, soit par rapport à
la liberté qu'une garnison française à Bancok
assurerait aux missionnaires pour l'exercice de
leur ministère; flatté enfin par les promesses de
M. Constance, qui s'engagea à faire un établissement considérable aux jésuites, à qui il devait
faire bâtir un collège et un observatoire à Louvo;
en un mot, ce père ne voyant rien dans tout ce
projet que de très-avantageux pour le roi, pour la
religion et pour sa compagnie, n'hésita pas à se
charger de cette négociation; il se flatta même
d'en venir à bout et le promit à M. Constance,
supposé que le père de Lachaise voulût s'en mêler
et employer son crédit auprès du roi.

Dès lors le père Tachard eut tout le secret de
l'ambassade, et il fut déterminé qu'il retournerait
en France avec les ambassadeurs siamois. Tout
étant ainsi arrêté, mon retour était regardé par
Constance comme l'obstacle qui pouvait le plus
nuire à ses desseins : en voici la raison. Dans les
différentes négociations où mes fonctions de major
de l'ambassade m'avaient engagé auprès de lui, il
avait reconnu dans moi une humeur libre et un
caractère de franchise, qui, ne m'ayant jamais
permis de dissimuler, me faisait appeler tout par
son nom. Dans cette pensée, il appréhenda que

n'ayant pas une fort grande idée de Siam et du commerce qu'on pourrait y établir, ce que j'avais donné à connaître assez ouvertement, quoique je ne me doutasse en aucune sorte de son dessein, il appréhenda, dis-je, qu'étant en France, je ne fisse de même qu'à Siam, et, qu'en divulguant tout ce que je pensais de ce pays, je ne ruinasse d'un seul mot un projet sur la réussite duquel il fondait toutes ses espérances.

Et s'il faut dire la vérité, il n'avait pas tort de ne pas se fier à moi sur ce point; car je n'aurais jamais manqué de dire tout ce que j'en savais, ayant assez à cœur l'intérêt du roi et de la nation, pour ne vouloir pas donner lieu par mon silence à une entreprise d'une très-grande dépense et de nul rapport. Appréhendant donc qu'en disant la vérité, je ne gâtasse tout ce qu'il avait conduit avec tant d'art, il fit tout ce qu'il put pour me retenir, ainsi que j'ai déjà dit.

Voilà au vrai quelles furent ses raisons, dont je ne commençai à être instruit qu'après le départ des ambassadeurs, dans une longue conversation que j'eus avec lui, et dans laquelle il me laissa entrevoir une grande partie de ce que j'ai rapporté, et, pour le reste, j'en ai été instruit dans la suite, en partie dans des conversations particulières que j'ai eues avec des personnes qui en étaient informées à fond, et en partie par la suite des événements dont il m'a été aisé de démêler le principe, à mesure que je les voyais arriver. Je reviens maintenant à mon séjour à Siam.

III.

Le chevalier de Forbin, grand amiral du royaume de Siam et gouverneur de Bancok.

Après le départ des ambassadeurs, je me rendis à Louvo avec M. Constance. Louvo est une maison de campagne du roi de Siam; ce prince y fait sa résidence ordinaire, et ne vient à Joudia, qui en est éloigné d'environ sept lieues, que fort rarement et dans certains jours de cérémonie. A mon arrivée, je fus introduit dans le palais pour la première fois. La situation où je trouvai les mandarins me surprit extrêmement, et quoique j'eusse déjà un grand regret d'être demeuré à Siam, il s'accrut au double par ce que je vis.

Tous les mandarins étaient assis en rond sur des nattes faites de petit osier. Une seule lampe éclairait toute cette cour, et quand un mandarin voulait lire ou écrire quelque chose, il tirait de sa poche un bout de bougie de cire jaune, il l'allumait à cette lampe, et l'appliquait ensuite sur une pièce de bois, qui, tournant de côté et d'autre sur un pivot, leur servait de chandelier.

Cette décoration si différente de celle de la cour
de France, me fit demander à M. Constance si
toute la grandeur de ces mandarins se manifestait
dans ce que je voyais; il me répondit que oui. A
cette réponse me voyant interdit, il me tira à
part, et me parlant plus ouvertement qu'il n'avait
fait jusqu'alors : « Ne soyez pas surpris, me dit-il,
de ce que vous voyez; ce royaume est pauvre à la
vérité : mais pourtant votre fortune n'en souffrira
pas, j'en fais mon affaire propre; » et ensuite
achevant de s'ouvrir à moi, nous eûmes une longue conversation, dans laquelle il me fit part de
toutes ses vues qui revenaient à ce que j'ai rapporté il n'y a qu'un moment. Cette conduite de
M. Constance ne me surprit pas moins que la misère des mandarins ; car quelle apparence qu'un
politique si raffiné dût s'ouvrir si facilement à un
homme dont il ne venait d'empêcher le retour en
France que pour n'avoir jamais osé se fier à sa
discrétion ?

Je continuai ainsi pendant deux mois à aller
tous les jours au palais, sans qu'il m'eût été possible de voir le roi qu'une seule fois; dans la suite
je le vis un peu plus souvent. Ce prince me demanda un jour si je n'étais pas bien aise d'être
resté à sa cour? Je ne me crus pas obligé de dire
la vérité; je lui répondis que je m'estimais fort
heureux d'être au service de Sa Majesté. Il n'y

avait pourtant rien au monde de si faux; car mon regret de n'avoir-pu retourner en France augmentait à tout moment, surtout lorsque je voyais la rigueur dont les moindres petites fautes étaient punies.

C'est le roi lui-même qui fait exécuter la justice; j'ai déjà dit qu'il a toujours avec lui quatre cents bourreaux qui composent sa garde ordinaire. Personne ne peut se soustraire à la sévérité de ses châtiments. Les fils et les frères des rois n'en sont pas plus exempts que les autres.

Les châtiments ordinaires sont de fendre la bouche jusqu'aux oreilles à ceux qui ne parlent pas assez, et de la coudre à ceux qui parlent trop. Pour des fautes assez légères, on coupe les cuisses à un homme, on lui brûle les bras avec un fer rouge, on lui donne des coups de sabre sur la tête, on lui arrache les dents. Il faut n'avoir presque rien fait pour n'être condamné qu'à la bastonnade, à porter la cangue au cou, ou à être exposé tête nue à l'ardeur du soleil. Pour ce qui est de se voir enfoncer des bouts de cannes dans les ongles, qu'on pousse jusqu'à la racine, mettre les pieds au cep, et plusieurs autres supplices de cette espèce, il n'y a presque personne à qui cela ne soit arrivé, au moins quelquefois dans la vie.

Surpris de voir les plus grands mandarins ex-

posés à la rigueur de ces traitements, je demandai à M. Constance si j'avais à les craindre pour
moi ; il me répondit que non, et que cette sévérité n'avait pas lieu pour les étrangers : mais il
mentait, car il avait eu lui-même la bastonnade
sous le ministre précédent, comme je l'appris depuis.

Pour achever, le roi me fit donner une maison
fort petite ; on y mit trente-six esclaves pour me
servir, et deux éléphants. La nourriture de tout
mon domestique ne me coûtait que cinq sous par
jour, tant les hommes sont sobres dans ce pays,
et les denrées à bon marché ; j'avais la table chez
M. Constance ; ma maison fut garnie de quelques
meubles peu considérables, on y ajouta douze
assiettes d'argent, deux grandes coupes de même
métal, le tout fort mince, quatre douzaines de
serviettes de toile de coton, et deux bougies de
cire jaune par jour. Ce fut là tout l'équipage de
M. le grand amiral, général des armées du roi :
il fallut pourtant s'en contenter.

Quand le roi allait à la campagne ou à la chasse
à l'éléphant, il fournissait à la nourriture de ceux
qui le suivaient : on nous servait alors du riz et
quelques ragoûts à la siamoise ; les naturels du
pays les trouvaient bons ; mais un Français, peu
accoutumé à ces sortes d'apprêts, ne pouvait
guère s'en accommoder. A la vérité, M. Constance,

qui suivait presque toujours, avait soin de faire
porter de quoi mieux manger ; mais quand les
affaires particulières le retenaient chez lui, j'avais
grande peine à me contenter de la cuisine du roi.

Souvent, dans ces sortes de divertissements, le
roi me faisait l'honneur de s'entretenir avec moi.
Je lui répondais par l'interprète que M. Constance
m'avait donné. Comme ce prince me donnait
beaucoup de marques de bienveillance, je me ha-
sardais quelquefois à des libertés qu'il me passait,
mais qui auraient mal réussi à tout autre. Un
jour qu'il voulait faire châtier un de ses domestiques pour avoir oublié un mouchoir, ignorant les
coutumes du pays, et étant d'ailleurs bien aise
d'user de ma faveur pour rendre service à ce malheureux, je m'avisai de demander grâce pour lui.

Le roi fut surpris de ma hardiesse, et se mit en
colère contre moi ; M. Constance, qui en fut témoin, pâlit, et appréhenda de me voir sévèrement punir : pour moi, je ne me déconcertai
point, et ayant pris la parole, je dis à ce prince
que le roi de France, mon maître, était charmé
qu'en lui demandant grâce pour les coupables, on
lui donnât occasion de faire éclater sa modération
et sa clémence, et que ses sujets, reconnaissant
les grâces qu'il leur faisait, le servaient avec plus
de zèle et d'affection, et étaient toujours prêts à
exposer leur vie pour un prince qui se rendait si

aimable par sa bonté. Le roi, charmé de ma réponse, fit grâce au coupable, en disant qu'il voulait imiter le roi de France; mais il ajouta que cette conduite, qui était bonne pour les Français, naturellement généreux, serait dangereuse pour les Siamois ingrats, et qui ne pouvaient être contenus que par la sévérité des châtiments.

Cette aventure fit bruit dans le royaume, et surprit les mandarins : car ils comptaient que j'aurais la bouche cousue, pour avoir parlé mal à propos. Constance même m'avertit en particulier d'y prendre garde à l'avenir, et blâma fort ma vivacité, qu'il accusa d'imprudence; mais je lui répondis que je ne pouvais m'en repentir, puisqu'elle m'avait réussi si heureusement.

En effet, bien loin de me nuire, je remarquai que depuis ce jour-là le roi prenait plus de plaisir à s'entretenir avec moi. Je l'amusais en lui faisant mille contes que j'accommodais à ma manière, et dont il paraissait satisfait. Il est vrai qu'il ne me fallait pas pour cela de grands efforts, ce prince étant grossier et fort ignorant. Un jour qu'étant à la chasse, il donnait ses ordres pour la prise d'un petit éléphant, il me demanda ce que je pensais de tout cet appareil, qui avait en effet quelque chose de magnifique. « Sire, lui répondis-je, en voyant Votre Majesté entourée de tout ce cortége, il me semble voir le roi mon maître, à la

tête de ses troupes, donnant ses ordres et dispo-
sant toutes choses dans un jour de combat. »
Cette réponse lui fit grand plaisir ; je l'avais
prévu, car je savais qu'il n'aimait rien tant au
monde que d'être comparé à Louis le Grand.

Et, s'il faut dire la vérité, cette comparaison,
qui ne roulait que sur la grandeur et la magnificence extérieure des deux princes, n'était pas absolument sans quelque justesse, y ayant peu de
spectacle au monde plus superbe que les sorties
publiques du roi de Siam ; car, quoique le
royaume soit pauvre, et qu'on n'y voie aucun ves-
tige de magnificence nulle part, cependant, lorsque le roi, qui passe sa vie renfermé dans l'inté-
rieur de son palais, sans que personne y soit
jamais admis, pas même ses plus intimes confi-
dents, à qui il ne parle que par une fenêtre ; lors,
dis-je, que ce prince se montre en public, il y
paraît dans toute la pompe convenable à la majesté d'un très-grand roi.

Une des sorties où il se montre avec plus d'é-
clat, c'est lorsqu'il va, toutes les années, sur la
rivière, commander aux eaux de se retirer. J'ai
déjà dit plus d'une fois que tout le royaume est
inondé six mois de l'année ; cette inondation est
principalement causée, en été, par la fonte des
neiges des montagnes de Tartarie ; mais lorsque
l'hiver revient, le dégel cessant, les eaux com-

mencent peu à peu à diminuer, et, laissant le
pays à sec, les Siamois prennent ce temps pour
faire leur récolte de riz, qu'ils ont plus abondamment qu'en aucun autre pays du monde.

C'est dans cette saison, et lorsqu'on commence
à s'apercevoir que les eaux sont notablement di-
minuées, que le roi sort pour la cérémonie dont
nous parlons. Il y paraît sur un grand trône tout
éclatant d'or, posé sur le milieu d'un balon superbe. Dans cet état, suivi d'une foule de grands
et de petits mandarins, assemblés de toutes les
provinces, chacun dans des balons magnifiques,
et accompagnés eux-mêmes d'une infinité d'autres balons, il va, jusque dans un certain endroit
de la rivière, donner un coup de sabre dans
l'eau, en lui commandant de se retirer. Au retour
de cette fête, il y a un prix considérable pour le
balon qui, remontant la rivière, arrive le premier
au palais. Rien n'est si agréable que ce combat et
les différents tours que ces balons, qui remontent
avec beaucoup de légèreté, se font entre eux pour
se supplanter.

Pour revenir à notre chasse, après que l'éléphant fut pris, le roi continua à s'entretenir avec
moi; et pour me faire comprendre combien ces
animaux paraissent doués d'intelligence, « celui
que je monte actuellement, me dit ce prince, peut
être cité pour exemple : il avait, il n'y a pas long-

temps, un cornac, ou palefrenier, qui le faisait jeûner, en lui retranchant la moitié de ce qui était destiné pour sa nourriture. Cet animal, qui n'avait point d'autre manière de se plaindre que ses cris, en fit de si horribles, qu'on les entendait de tout le palais. Ne pouvant deviner pourquoi il criait si fort, je me doutai du fait, et je lui fis donner un nouveau cornac, qui, étant plus fidèle, et qui lui ayant donné, sans lui faire tort, toute la mesure de riz, l'éléphant la partagea en deux avec sa trompe, et n'en ayant mangé que la moitié, il se mit à crier tout de nouveau, indiquant par là, à tous ceux qui accoururent au bruit, l'infidélité du premier cornac, qui avoua son crime, dont je le fis sévèrement châtier. »

Ce prince me raconta encore sur ce sujet plusieurs autres traits qui m'auraient paru incroyables, si tout autre m'en avait fait le récit ; mais voici des faits que j'ai vus moi-même. Quand les éléphants sont en rut, ils deviennent furieux, en sorte qu'on est obligé, pour les adoucir, de tenir une femelle auprès d'eux, surtout lorsqu'on va les abreuver. La femelle marche devant avec un homme dessus, qui donne d'une espèce de cor, pour avertir le monde d'être sur ses gardes et de se retirer.

Un jour, un éléphant en rut, qu'on menait ainsi à l'abreuvoir, se sauva et fut se mettre au milieu de la rivière, hurlant et faisant fuir tout le monde. Je montai à cheval pour le suivre et pour voir ce qu'il deviendrait ; je trouvai la femme du cornac qui était accourue sur le bord de l'eau, et qui, faisant des reproches à cet animal, lui parlait à peu près dans ces termes : « Tu veux donc qu'on coupe la cuisse à mon mari ? car tu sais que c'est le châtiment ordinaire des cornacs, quand ils laissent échapper leurs éléphants. Eh bien ! puisque mon mari doit mourir, tiens, voilà encore mon enfant ; viens le tuer aussi. » En achevant ces mots, elle posa l'enfant à terre, et s'en alla. L'enfant se mit à pleurer ; alors l'éléphant parut se laisser attendrir ; il sortit de l'eau, prit l'enfant avec sa trompe, et l'apporta dans la maison, où il demeura tranquille.

Un autre jour, je vis un autre éléphant qu'on menait à l'abreuvoir. Comme il badinait par les rues avec sa trompe, il la porta auprès d'un tailleur, qui, pour l'obliger à se retirer, le piqua avec son aiguille. Au retour de la rivière, il alla badiner de nouveau auprès du tailleur, qui le piqua encore légèrement ; à l'instant même, cet animal lui couvrit le corps d'une barrique d'eau bourbeuse qu'il avait apportée pour se venger. Quand le coup fut fait, l'éléphant, voyant son homme ainsi inondé, s'applaudit, et parut rire à sa manière, comme pourrait faire un homme qui aurait fait quelque bon tour.

Les Siamois tirent des services considérables de ces animaux, ils s'en servent presque comme de domestiques, surtout pour avoir soin des petits enfants : ils les prennent avec leur trompe, les couchent dans de petits branles, les bercent et les endorment; et quand la mère en a besoin, elle les demande à l'éléphant, qui les va chercher et les lui apporte.

Le roi continuait à me donner tous les jours de nouvelles marques de bonté, en m'admettant de plus en plus dans ses entretiens particuliers. Il arriva un jour qu'en revenant de la chasse il se trouva mal. Le lendemain sa maladie augmenta, sur quoi les médecins ayant été appelés, ils opinèrent à la saignée. Il y avait de la difficulté à ce remède; car les Siamois regardant leur roi comme une divinité, ils n'oseraient le toucher. L'affaire étant proposée au conseil, un mandarin fut d'avis qu'on perçât un grand rideau, à travers lequel Sa Majesté ayant passé le bras, un chirurgien le saignerait, sans savoir que ce fût le roi.

Cet avis ridicule ne me plut pas, et me servant de la liberté que j'avais de parler sans qu'on le trouvât mauvais, je dis que les rois sont comme des soleils, dont la clarté, quoique obscurcie par des nuages, paraît toujours; que quelque expédient qu'on prît, on ne saurait venir à bout de cacher la majesté du prince, qui se ferait toujours assez sentir : mais que si la saignée était absolument nécessaire, il y avait à la cour un chirurgien français dont on pouvait se servir; qu'étant d'un pays où l'on saigne sans difficulté les rois et les princes toutes les fois qu'ils en ont besoin, il n'y avait qu'à l'employer, et que j'étais assuré que Sa Majesté n'aurait pas regret à la confiance qu'elle aurait prise en lui. Le roi approuva mon avis; il n'eut pas lieu de s'en repentir, ce prince ayant recouvré la santé.

A peu près dans ce temps-là, un accident imprévu mit au jour un trait de fourberie que M. Constance avait fait à M. de Chaumont et à sa suite. J'ai dit qu'en leur étalant les richesses de Siam, il avait eu grand soin de leur montrer les plus belles pagodes du royaume, et qu'il avait assuré qu'elles étaient toutes d'or massif. Parmi ces statues, il y en avait une de hauteur colossale, elle était de quinze à seize pieds de haut; on l'avait fait passer pour être de même métal que les autres : le père Tachard et l'abbé de Choisy y avaient été trompés, aussi bien que tous nos Français, et avaient cru ce fait si constant qu'ils l'ont rapporté dans leur relation. Par malheur la voûte de la chapelle, où la statue était renfermée, fondit et mit en pièces la pagode, qui n'était que de plâtre doré. L'imposture parut; mais les ambassadeurs étaient loin. Je ne pus pas gagner sur moi de ne pas faire sur ce sujet quelque raillerie à M. Constance, qui me témoigna n'y prendre pas plaisir.

Peu après nous eûmes ordre, Constance et moi, d'aller à Bancok, pour y travailler à un nouveau fort, qui devait être remis aux soldats français que le roi de Siam avait demandés, et qu'il attendait au retour des ambassadeurs. Nous y traçâmes un pentagone. Comme Bancok est la clef du royaume, le roi y entretenait dans un petit fort carré, deux compagnies de quarante hommes chacune, formées de Portugais, métis ou créoles des Indes; on donne ce nom à ceux qui sont nés dans les Indes, d'un Portugais et d'une Japonaise chrétienne. Ces métis, apprenant que j'arrivais en qualité de général, et que je devais les commander, se mutinèrent.

Un prêtre de leur nation fut cause de cette révolte. Après avoir dit la messe, prenant tout à coup l'air d'un homme inspiré, il se tourna vers le peuple, en leur adressant la parole : « Mes chers compatriotes, leur dit-il, la nation portugaise ayant toujours été dominante dans les Indes, il serait honteux pour elle qu'un Français entreprît aujourd'hui de vous commander : marchez donc courageusement et ne souffrez pas un pareil affront. Ne craignez rien, Dieu vous bénira, comme il a toujours fait jusqu'ici; cependant recevez sa bénédiction que je vous donne de sa part. » Il n'en fallut pas davantage pour les mettre en mouvement.

Nous étions occupés, Constance et moi, à l'arrangement des travailleurs, pour commencer les fossés du fort, lorsque nous vîmes arriver le colonel portugais, qui dit à M. Constance que ses soldats s'étaient révoltés. Le ministre lui en demanda la raison ; « c'est, lui répliqua le colonel, parce qu'ils ne veulent pas obéir à un officier français. »

A ce discours m'avançant sur un bastion, je vis venir une troupe de soldats, le fusil sur l'épaule, qui marchaient droit vers le fort ; j'en avertis M. Constance, et, l'ayant tiré à part : « Cet officier, lui dis-je, est sûrement complice de la révolte, puisqu'il vient vous avertir quand les séditieux sont en marche ; ils en veulent à votre personne comme à la mienne : je vais commencer par me saisir de celui-ci, je l'obligerai à faire retourner ses soldats, et s'il résiste, je le tuerai. » Alors, mettant l'épée à la main, je sautai sur le Portugais que je désarmai comme un enfant, et, lui tenant la pointe de l'épée sur la poitrine, je le menaçai de le tuer, s'il ne criait à ces séditieux de s'en retourner.

Constance paya de sa personne dans cette occasion ; il sortit du fort avec beaucoup de fermeté et

sans se troubler, et allant à la rencontre des mu-
tins qui n'étaient plus qu'à dix pas de la porte, il
leur demanda d'un air de hauteur ce qu'ils prétendaient. Ils répondirent tout d'une voix qu'ils
ne voulaient point du commandant français qu'on
leur avait destiné. Ce ministre, qui avait pour le
moins autant d'esprit que de courage, les assura
que je devais, à la vérité, commander les Siamois, mais nullement les Portugais.

Cette réponse semblait les calmer, lorsqu'un de
la troupe voyant d'une part ses camarades incer-
tains de ce qu'ils avaient à faire, et de l'autre côté
entendant le colonel, qui du haut du bastion leur
criait de toute sa force d'obéir à M. Constance,
prit la parole et mettant la main sur la garde de
son épée : « A quoi bon, dit-il, tant de raisonnements? Devons-nous nous fier à ses promesses? »
Constance, qui se vit au moment d'être massacré,
sauta sur ce scélérat, lui ôta son épée, et, après
avoir adouci ses camarades par de bonnes paroles,
les renvoya chez eux.

Comme cet attentat pouvait avoir de dange-
reuses conséquences s'il demeurait impuni, le colonel fut arrêté, les soldats et les officiers qui
étaient entrés dans la sédition le furent aussi, et,
par ordre de M. Constance, j'assemblai un conseil
de guerre assez mal ordonné à la vérité; mais
nous étions dans un pays où l'on n'en avait

jamais vu; nous ne laissâmes pourtant pas de condamner le soldat qui avait porté la main sur la garde de son épée à avoir le poing coupé : deux autres qui furent convaincus d'avoir été les chefs de la sédition furent condamnés à mort. Il y eut quelques officiers exilés, et le reste des soldats fut condamné aux galères : mais, avant de les y envoyer, ils furent enchaînés deux à deux, comme nos forçats, et obligés de travailler aux fortifications. Cette exécution faite, et tous les ordres nécessaires étant donnés afin que le travail se continuât, nous repartîmes, M. Constance et moi, et nous nous rendîmes à Louvo.

A notre arrivée, M. Constance se trouva embarrassé dans une méchante affaire, qui faillit à le perdre, et de laquelle je puis dire avec vérité qu'il ne se serait jamais tiré sans moi. Son avidité pour le gain la lui avait attirée ; voici à quelle occasion. Avant que de partir pour Bancok, il avait voulu acheter une cargaison de bois de sandal ; pour cela il s'était adressé à un Français huguenot, nommé le sieur de Rouan, qui en avait fait venir une grande quantité de l'île de Timor. Il avait fait des profits très-considérables sur une partie qu'il en avait déjà vendu. Constance voulait s'accommoder du reste, mais il le voulait à bas prix ; le marchand ne voulut jamais y entendre : sur quoi n'étant pas d'accord, le ministre lui chercha noise, et usant de son autorité, le fit arrêter et mettre aux fers.

Dans ce temps-là nous partîmes pour Bancok : pendant notre absence, le facteur français de la compagnie d'Orient, instruit de la vexation faite au sieur de Rouan, et voulant avoir satisfaction de l'affront qu'il prétendait avoir été fait à la nation, s'en alla à Louvo planter le pavillon blanc devant le palais. Le roi, surpris de cette nouveauté, envoya un mandarin pour en apprendre le sujet. Le facteur répondit qu'il venait demander justice de l'injure que la nation avait reçue ; qu'on avait mis aux fers un Français, sans qu'il fût coupable d'aucun crime ; qu'il demandait qu'on lui en fît réparation, à défaut de quoi il suppliait Sa Majesté de lui permettre de sortir du royaume avec tout ce qu'il y avait de Français.

Le roi, qui ignorait la manœuvre de son ministre, envoya dire au facteur qu'il pouvait retourner chez lui et que, quand nous serions revenus, Constance et moi, il s'informerait de cette affaire, et qu'il rendrait bonne justice. Ce prince, surtout depuis l'ambassade, aimait beaucoup les Français, il les protégeait volontiers et ne les voyait sortir de son royaume qu'avec regret.

A peine fûmes-nous à Louvo, que M. Constance fut averti de la démarche du facteur. Sans perdre un moment de temps, il se rendit au palais, comptant détruire d'un seul mot tout ce qui avait été dit contre lui : mais il n'en fut pas ainsi ; le roi irrité le maltraita en paroles et le menaça de le faire châtier, s'il ne se justifiait dans tout le jour.

Constance répondit brièvement : « Que bien loin d'être capable de maltraiter la nation française, il n'y en avait point dans le royaume pour qui il eût tant d'égards ; qu'il suppliait Sa Majesté de s'en rapporter à mon témoignage ; qu'étant par ma naissance et par mes emplois mis au-dessus de ce facteur, il y avait apparence que j'aurais porté mes plaintes à Sa Majesté, si on m'en avait donné occasion : mais qu'il espérait que je viendrais dans un moment rendre témoignage à son innocence et certifier à Sa Majesté l'attention qu'il avait à ne rien faire dont la nation française pût s'offenser. »

M. Constance, en sortant du palais, vint me chercher, et m'abordant : « Monsieur, me dit-il, il s'agit de me rendre un service essentiel. Le facteur de la compagnie de France a porté plainte contre moi, au sujet de l'emprisonnement du sieur de Rouan ; vous savez aussi bien que moi que, quoiqu'il soit originairement Français, il est huguenot et que, comme tel, ayant été contraint de sortir de France, il est depuis longtemps au service des Anglais, et qu'il n'appartient nullement à la compagnie française, au service de laquelle il ne fut jamais. Nonobstant cela, le facteur le protége de tout son pouvoir ; et quoiqu'il n'ignore pas que le sieur de Rouan est devenu Anglais, et par sa sortie de France et par la religion qu'il professe, il ne laisse pas de se déclarer hautement pour lui, et veut l'agréger au corps de la nation à laquelle il a si solennellement renoncé. Vous sentez sans doute l'injustice de ce procédé ; j'espère que vous viendrez me justifier auprès du roi et que vous me servirez dans cette occasion comme je vous servirais si vous étiez en pareil cas. »

M. Constance était encore chez moi lorsque le roi m'envoya chercher. Je me rendis incessamment au palais, où tout le conseil attendait en silence l'événement de cette affaire. Il n'y avait aucun des mandarins qui ne souhaitât la perte du ministre ; la plupart la regardaient comme inévitable, et ils s'en tenaient d'autant plus assurés que, s'agissant d'un Français, ils ne doutaient pas que je ne dusse appuyer les plaintes que le facteur avait faites. Ils furent trompés dans leur attente, je justifiai amplement M. Constance. Après avoir loué son zèle pour le service de Sa Majesté, je représentai que le Français qu'on avait châtié ne devait point être regardé comme membre de la nation, puisque le roi mon maître l'avait banni de ses États ; que le facteur avait sans doute ignoré ce point, sans quoi il ne se serait pas intéressé si vivement pour un homme qui appartenait aux Anglais et non à la France ; je déclarai que je me chargeais de faire entendre raison au facteur ; je finis en ajoutant que je ne pouvais trop remercier Sa Majesté de la protection qu'elle voulait bien accorder à la nation, et je suppliai ce prince de la lui continuer, l'assurant que le roi mon maître lui en marquerait sa reconnaissance.

Mon témoignage justifia Constance si pleinement dans l'esprit du roi, qu'il fut apaisé sur-le-champ ; et, se tournant de mon côté, il me dit gracieusement ces mots : *choca di nacna*, c'est-à-dire je suis content et satisfait. Je courus sur-le-champ chez le ministre pour lui apprendre le détail de tout ce qui s'était passé ; il me santa au cou, et m'embrassant mille et mille fois, m'assura qu'il n'oublierait jamais le service signalé que je venais de lui rendre.

Je lui représentai que pour finir entièrement cette affaire, il convenait de faire mettre en liberté le Français qui était aux fers et de lui faire rendre sa cargaison de bois de sandal, le priant, pour l'avenir, de laisser aux Français une entière liberté de commercer dans tout le royaume ; qu'à cette condition j'adoucirais facilement le facteur

2   *e*

de la compagnie. Constance promit et exécuta tout ce que je lui demandais, et cette affaire finit sans qu'il lui en arrivât d'autre mal.

Il semblait qu'après un service si important, je devais trouver dans M. Constance un ami à l'épreuve de tout : ce fut pourtant ce même service qui fut une des principales causes de tout le mal qu'il voulut me faire dans la suite.

Constance était naturellement fort jaloux et très-méfiant ; il avait d'abord vu avec quelque peine les bontés du roi à mon égard, et il aurait bien souhaité que ce prince m'eût donné un peu moins de liberté de parler et de dire ce que je voulais ; cependant toute cette faveur ne l'avait encore que peu alarmé : mais lorsqu'il vit que pour le tirer lui-même d'un très-mauvais pas, je n'avais eu qu'à parler, il commença à me craindre tout de bon ; et considérant qu'il pourrait bien m'être un jour aussi aisé de le perdre qu'il m'avait été aisé de le protéger, il songea sérieusement à traverser un commencement de faveur qu'il croyait déjà trop avancé, mais qu'il résolut d'interrompre à quelque prix que ce fût.

Tandis qu'il délibérait sur les moyens, il eut lieu de se confirmer dans sa résolution par une nouvelle grâce dont il plut au roi de m'honorer. Ce prince lui dit de me faire savoir qu'il m'avait nommé à la dignité d'*opra sac di son craam*, ce qui revient à peu près à la dignité de maréchal de France. Ce nom barbare veut dire une divinité qui a toutes les lumières et toute l'expérience pour la guerre ; en même temps il lui marqua le jour de ma réception, et lui ordonna de faire en sorte que tout fût prêt. En voici la cérémonie.

Les mandarins étant venus me prendre chez moi, me conduisirent jusque dans l'enceinte du palais. Quand nous fûmes à cent pas de la fenêtre où le roi était, je me prosternai à terre et tous les grands mandarins en firent de même. Nous marchâmes appuyés sur les coudes et sur les genoux environ une cinquantaine de pas ; deux maîtres de cérémonie marchaient devant en même posture. A une certaine distance de l'endroit d'où nous étions partis, nous fîmes tous ensemble une seconde révérence, qui se fait en se relevant sur les genoux et battant du front à terre, les mains jointes par-dessus la tête. Tout ceci se passe dans un grand silence ; enfin nous nous prosternâmes une troisième fois quand nous fûmes arrivés sous la fenêtre du roi. Ce prince alors m'envoya le bétel, en prononçant deux mots qui signifient : je vous reçois à mon service.

Le bétel que le roi donne dans cette occasion est une grâce des plus singulières qu'il puisse faire à un sujet. Ce bétel est une espèce de fruit à peu près semblable au gland ; la peau en est verte, elle est remplie de petits nerfs et d'une eau insipide. On coupe ce gland en quatre parties, et après l'avoir mêlé avec de la chaux faite de coquillages calcinés, on l'enveloppe d'une feuille qui ressemble à celle du lierre. Les Siamois mâchent le bétel avec plaisir, et trouvent qu'il est utile à la santé.

La cérémonie de ma réception finit à peu près comme elle avait commencé. Nous retournâmes sur nos pas en marchant toujours sur nos coudes et sur nos genoux, mais à reculons, et en faisant les trois révérences, le roi se tenant toujours à sa fenêtre, et nous reconduisant des yeux jusqu'au lieu d'où nous étions partis.

Lorsque nous y fûmes arrivés, un maître de cérémonie me donna la boussette avec son fourreau, et une boîte peinte de rouge pour fermer le tout. Cette boussette est une façon de petit coffre d'or et d'argent fort mince, ciselé fort proprement, et sur lequel sont représentées plusieurs figures de dragons. Il y a dans ce coffre deux petites tasses d'or fort minces aussi, l'une pour le bétel, et l'autre qui sert à mettre les feuilles dont on l'enveloppe. Il y a encore un étui d'or pour fermer la chaux, une espèce de petite cuiller de même métal pour appliquer la chaux sur le bétel, et un petit couteau à manche d'or pour couper le gland.

Quand tout fut fait, les mandarins qui m'accompagnaient me firent un compliment fort court, selon l'usage, et une inclination de tête, tenant les mains jointes devant la poitrine, et me reconduisirent ensuite chez moi. Après la cérémonie, le roi voulant ajouter grâce sur grâce, m'envoya deux pièces d'étoffes des Indes à fleurs d'or; j'en eus amplement de quoi faire deux habits magnifiques.

Ces dernières marques de la bonté du roi à mon égard ayant, comme j'ai dit, excité encore plus violemment la jalousie de M. Constance, il ne balança plus à mettre tout en usage pour se défaire de moi. Comme il ne pouvait plus entreprendre de me décréditer auprès du roi, il résolut d'abord de m'empoisonner; j'en fus averti par un de mes amis, ce qui me détermina à manger à mon particulier.

Cette démarche qui devait le faire douter que j'avais au moins quelque connaissance de ses desseins, ne lui fit pas changer de résolution. Un jour que j'avais la fièvre, ignorant mon indisposition, il m'envoya du lait caillé qu'il savait que j'aimais beaucoup. Quand je me serais bien porté je n'aurais eu garde d'y toucher; ayant eu l'imprudence de le laisser à mes esclaves, il y en eut quatre qui en mangèrent et qui moururent presque sur-le-champ. Je parlai de cette aventure à

M. l'évêque de Métellopolis, qui me dit qu'il n'y savait point de remède, mais qu'il fallait mettre ma confiance en Dieu, et cependant être toujours sur mes gardes.

IV.

Le chevalier de Forbin apaise une sédition.

Cette première tentative ne lui ayant pas réussi, il songea à m'éloigner au moins de la cour. Les circonstances où le royaume se trouva pour lors, lui en fournirent bientôt l'occasion; mais comme', outre mon éloignement, il voulait absolument me perdre, son esprit fécond en expédients lui fit imaginer tant d'autres moyens de se défaire de moi, qu'il ne douta pas que je ne dusse enfin succomber. Voici l'occasion qui les fit naître, et comment il en tira parti.

Un des princes des Macassars, fuyant l'oppression des Hollandais, et suivi d'environ trois cents des siens qui l'avaient accompagné dans sa fuite, s'était retiré depuis quelque temps en çà dans le royaume de Siam. A son arrivée il s'était adressé au roi, qui, touché du malheur où il voyait ce prince, le reçut avec bonté,. et lui assigna un camp selon l'usage du royaume, c'est-à-dire une certaine portion de terre, où il put se retirer avec les siens.

Ce Macassar, remuant et ambitieux, ne put pas se tenir longtemps en repos; il conjura avec les princes de Camboye[1], de Malaga et le prince de Chiampa. Leur projet était de faire mourir le roi, et de s'emparer du royaume qu'ils avaient déjà partagé entre eux; et comme ils étaient tous mahométans, ils étaient convenus de faire périr tous les chrétiens portugais et japonais sans qu'il en échappât un seul. M. Constance, informé de cette conjuration et du jour qu'elle devait éclater, après en avoir conféré avec le roi, fit donner tous les ordres nécessaires pour la sûreté du royaume.

Il ne pouvait guère se présenter d'occasion plus favorable pour m'éloigner de la cour. Bancok, dont j'étais gouverneur, était une place trop importante pour la laisser abandonnée dans des conjonctures si périlleuses. J'eus donc ordre de m'y rendre incessamment, d'y faire finir au plus tôt les fortifications, de travailler à de nouvelles levées de soldats siamois jusqu'à la concurrence de deux mille hommes, et de les dresser à la manière de France.

Pour subvenir aux frais que je devais faire en qualité de général, Constance eut ordre de me compter cent catis, qui reviennent à la somme de

1. On écrit plus communément Cambodje et Malacca. Camboye, Malaga et Chiampa étaient trois petits États voisins des royaumes d'Annam et de Siam.

quinze mille livres de notre monnaie; mais je ne touchai que mille écus, le ministre s'excusant pour le reste sur ce qu'il n'y avait pas pour lors d'argent dans l'épargne. Il se contenta de me faire son billet, et de m'assurer que lorsque certains bâtiments, qu'il attendait tous les jours de la Chine, seraient arrivés, je serais payé de douze mille livres qui restaient.

Le roi, voulant que je fusse obéi et respecté dans mon gouvernement, me donna quatre de ses bourreaux pour faire justice, ce qui n'avait lieu pourtant que jusqu'à la bastonnade, n'y ayant ordinairement dans le royaume que le roi seul, ou en certaines occasions, son premier ministre qui puissent condamner à mort.

Je partis sans avoir eu le moindre avis de la conjuration et sans savoir à quelle occasion on me renvoyait dans mon gouvernement. Constance, qui savait à point nommé le jour auquel les rebelles devaient faire leur dernière assemblée, prit si bien ses mesures, et me fit partir si à propos pour me faire tomber entre leurs mains, que je me trouvai, sans le savoir, au milieu des conjurés, dont l'entrevue se faisait sur ma route, et qui me laissèrent passer, je ne sais pourquoi, leur projet devant éclater le lendemain ou le jour d'après pour le plus tard.

En arrivant à Bancok, autre danger où je ne

courus pas un moindre risque. Aux premières
nouvelles de la conjuration, Constance avait envoyé à mon insu faire mettre en liberté les Portugais que le conseil de guerre avait condamnés
aux galères; il avait ordonné qu'on en formât des
compagnies comme auparavant, et que les officiers exilés fussent rappelés.

M'envoyer ainsi, sans m'avoir donné le moindre avis de ce changement, c'était me livrer pieds
et poings liés à mes ennemis; je le compris parfaitement, lorsqu'à mon arrivée je trouvai sous
les armes des gens que j'avais fait enchaîner peu
auparavant; mais la malice de Constance ne me
porta aucun préjudice; je me tins dans le commencement sur mes gardes, et je maniai ensuite
si adroitement l'esprit des soldats et des officiers,
en donnant souvent à manger à ces derniers, et
en ne parlant aux premiers qu'obligeamment,
que je me rendis maître des uns et des autres, et
que d'ennemis que je les avais laissés en partant,
j'en fis des amis qui m'aimèrent dans la suite sin-
cèrement et de bonne foi.

M. Constance, peu satisfait de m'avoir éloigné
de la cour, et désespéré de n'avoir encore pu venir à bout de ses desseins, me tendit un nouveau
piége qu'il crut infaillible, et qui lui aurait immanquablement réussi, si le Seigneur ne m'avait
visiblement protégé; mais enfin je m'en tirai en-

core assez heureusement, au moins par rapport à moi, qui n'en reçus aucun dommage dans ma personne, quoiqu'il me causât d'ailleurs beaucoup de fatigues, et qu'il donnât lieu à répandre bien du sang, comme on verra par ce que je vais dire.

Le capitaine d'une galère de l'île des Macassars qui était venu à Siam pour commercer, avait eu part, et était même entré assez avant dans la conjuration. La voyant manquée, il s'était retiré dans son bord, résolu de retourner chez lui, s'il en avait occasion, ou de vendre chèrement sa vie si l'on entreprenait de le forcer. M. Constance, qui, pour avoir moins d'ennemis sur les bras, souhaitait de séparer celui-ci du reste des conjurés, lui fit offrir un passe-port, au moyen duquel lui et sa troupe qui allait à cinquante-trois hommes d'équipage, pourraient sortir paisiblement du royaume, et se retirer où il trouverait bon.

Le capitaine, ravi de cette offre, ne balança pas à l'accepter. Alors M. Constance voyant qu'il pouvait en même temps, et diviser les ennemis, et me perdre sans ressource, me dépêcha un courrier avec ordre de la part du roi de tendre la chaîne, et d'empêcher la sortie de ce bâtiment. Il me déclarait que le capitaine et tout l'équipage étaient complices de la conjuration, et m'ordonnait de n'avoir aucun égard à leur passe-port, qui ne leur avait été donné que pour les tromper et les affaiblir.

L'ordre portait encore que la galère étant arrivée à la chaîne, j'eusse à me transporter dans ce bâtiment; que j'y fisse un inventaire exact de tout ce que contenait sa cargaison; après quoi il m'était ordonné de me saisir, et du capitaine, et de tout l'équipage, et de le retenir prisonnier jusqu'à nouvel ordre; et, par un article à part, il m'était surtout défendu très-expressément de communiquer à personne les ordres que je recevais, des raisons d'État demandant un secret inviolable sur ce point. C'est ainsi qu'il m'envoyait à la boucherie, me prescrivant pas à pas tout ce que j'avais à faire pour périr infailliblement.

J'attendis fort longtemps l'arrivée de cette galère qui ne paraissait point; je m'amusais, en attendant, à dresser les troupes que j'avais eu l'ordre de lever. Cette commission ne m'avait pas donné beaucoup de peines; ces sortes de levées se font à Siam en très-peu de temps et avec beaucoup de facilité. Le roi étant maître absolu de tous ses sujets, les gouverneurs prennent au nom du prince qui bon leur semble, et le peuple, qui est fort docile, marche et obéit sans murmure.

Je divisai mes nouveaux soldats en compagnies de cinquante hommes; je mis à la tête de chaque compagnie un capitaine, un lieutenant, un enseigne, deux sergents, quatre caporaux et quatre anspessades. Je m'appliquai avec tant de soin à les dresser, qu'à l'aide de quelques soldats portugais qui entendaient le siamois, et d'un Français que je fis sergent, ils furent en moins de six jours en état de monter et de descendre des gardes, de poser des sentinelles et de les relever, comme on fait en France.

Je l'ai déjà dit, la docilité de ce peuple est admirable, on leur fait faire tout ce qu'on veut. Ces deux mille hommes firent dans la suite l'exercice, et furent aussi bien disciplinés que les soldats aux gardes pourraient l'être.

J'attendais toujours les Macassars; comme je n'avais point de prison où je pusse les retenir, j'en fis construire une joignant la courtine sur le devant du nouveau fort : elle était formée avec de gros pieux; je l'avais fortifiée de telle sorte, qu'avec une garde assez peu nombreuse, il aurait été aisé d'y retenir sûrement une cinquantaine de prisonniers.

La galère parut enfin vingt jours après que j'eus reçu l'ordre de l'arrêter, sans que pendant tout ce temps la chaîne eût cessé d'être tendue jour et nuit, crainte de surprise. Dans le plan que je m'étais formé, pour m'acquitter sûrement de ma commission, je m'étais écarté quelque peu des instructions de M. Constance; car, comme il ne me paraissait ni sûr ni convenable à ma dignité d'aller à bord, tandis que les Macassars en seraient les maîtres, je résolus de les engager à prendre terre et de commencer par les arrêter; après quoi j'irais à bord travailler selon mes ordres à l'inventaire que le ministre voulait qu'on dressât. Dans cette vue, du plus loin que je les vis paraître, je postai en différents endroits quelques soldats prêts à les investir, quand je leur en ferais donner l'ordre.

La galère étant arrivée à la chaîne, et ayant trouvé le passage fermé, le capitaine vint à terre avec sept hommes de sa suite et demanda à me parler. Il fut conduit dans le vieux fort, où je l'attendais. Je le reçus dans un grand pavillon carré que j'avais fait construire avec des cannes, dans un des bastions du fort, et dont le côté qui faisait face à la gorge du bastion n'était fermé que par un grand rideau.

A mesure qu'ils entrèrent, je leur fis civilité, et les ayant fait asseoir autour d'une table, où je mangeais ordinairement avec les officiers, je demandai au capitaine d'où il venait et où il allait. Il me répondit qu'il venait de Siam et qu'il retournait à l'île des Macassars, en même temps il me présenta son passe-port. Après avoir fait semblant de l'examiner, je lui dis qu'il était fort bon ; mais j'ajoutai qu'étant étranger et nouvellement au service du roi, je devais être plus attentif qu'un autre à ne manquer en rien de ce qui m'était ordonné ; qu'en conséquence, depuis la révolte dont il avait sans doute entendu parler, j'avais reçu des ordres très-rigoureux pour empêcher qu'aucun Siamois ne sortît du royaume. Le capitaine me répondit qu'il n'avait avec lui que des Macassars. Je lui répliquai que je ne doutais nullement de ce qu'il me disait, mais qu'étant environné de Siamois, qui observaient toutes mes actions, je le priais, afin que la cour n'eût rien à me reprocher, de mettre tout son monde à terre, et qu'après qu'ils auraient été reconnus pour Macassars, ils n'auraient qu'à se rembarquer, qu'on détendrait la chaîne, et qu'il leur serait libre de passer et de se retirer où ils jugeraient à propos.

Ce capitaine, sans hésiter, répondit : « Je le veux bien, mais ils descendront armés. » Alors, le regardant en riant : « Est-ce que nous sommes en guerre ? lui dis-je. — Non, me répondit-il ; mais le *crit* que j'ai à mon côté, et qui est l'arme que nous portons, est tellement une marque d'honneur parmi nous que nous ne saurions le quitter sans infamie. » Cette raison me paraissant sans réplique, je m'y rendis, ne comptant pas qu'une arme qui me paraissait si méprisable fût aussi dangereuse que je l'éprouvai bientôt après.

Ce crit est une espèce de poignard, d'environ
un pied de long et large d'un pouce et demi par
le bas; il est fait en onde, la pointe en langue de
serpent, d'un bon acier trempé; il coupe comme
un rasoir, et des deux côtés; ils le ferment dans
une gaîne de bois, et ne le quittent jamais.

Le capitaine détacha deux de ses hommes pour
aller chercher ce qui restait de ses gens. Je lui
fis servir du thé pour l'amuser, en attendant
qu'on vînt m'avertir quand tout le monde serait à
terre, auquel temps je comptais envoyer mes
ordres pour les arrêter. Comme ils tardaient trop
à mon gré, je me levai, et ayant prétexté quelque
ordre que j'avais à donner, je priai un mandarin
qui était présent de tenir ma place, ajoutant que
j'allais revenir à l'instant.

Mes Siamois, attentifs à tout ce qui se passait,
étaient fort en peine de savoir à quoi je destinais
les troupes que j'avais postées de côté et d'autre.
En sortant du pavillon, je trouvai un vieux officier portugais, brave homme que j'avais fait major, et qui était là en attendant mes ordres.
« Monsieur, lui dis-je, allez avertir tels et tels de
se tenir prêts, et, dès que les Macassars auront
passé un tel endroit, que je lui désignai, vous
commencerez par les investir, vous les désarme-
rez, et ensuite vous les arrêterez jusqu'à ce que je
vous envoie dire ce qu'il y aura à faire. »

Le Portugais, effrayé de ce qu'il venait d'entendre : « Monsieur, me dit-il, je vous demande pardon, mais ce que vous proposez n'est pas faisable. Vous ne connaissez pas cette nation comme moi. Je suis enfant des Indes; croyez-moi : ces sortes d'hommes sont imprenables, et il faut les tuer pour s'en rendre maître. Je vous dis bien plus, c'est que si vous faites mine de vouloir arrêter ce capitaine qui est dans le pavillon, lui et ce peu d'hommes qui sont avec lui nous tueront tous, sans qu'il en échappe un seul. »

Je ne fis pas tout le cas que je devais de l'avis que ce Portugais me donnait, et persistant dans mon projet, dont l'exécution me paraissait assez facile : « Allez, lui repris-je; portez mes ordres tels que vous les avez reçus : je suis persuadé qu'avant que de se faire tuer ils y penseront plus d'une fois. » Le major s'en alla fort triste, et, me continuant ses bons avis, me dit en partant : « Mon Dieu, prenez bien garde à ce que vous faites; ils vous tueront infailliblement : croyez ce que j'ai l'honneur de vous dire; c'est pour votre bien. »

Le zèle de cet officier me fit entrer en considération. Pour ne rien hasarder, je fis monter vingt soldats siamois dans la gorge du bastion; dix desquels étaient armés de lances, et dix autres de fusils; je fis tirer le rideau du pavillon, et, m'étant avancé vers l'entrée, j'ordonnai à un mandarin d'aller de ma part dire au capitaine que j'étais bien mortifié de l'ordre que j'avais de l'arrêter, mais qu'il recevrait de moi toute sorte de bons traitements. ·

Ce pauvre mandarin, qui me servait d'interprète, obéit. Au premier mot qu'il prononça, ces six Macassars, ayant jeté leurs bonnets à terre, mirent le crit à la main, et, s'élançant comme des démons, tuèrent, dans un instant, et l'interprète, et six autres mandarins qui étaient dans le pavillon. Voyant ce carnage, je me retirai vers mes soldats, qui étaient armés; je sautai sur la lance d'un d'entre eux, et je criai aux autres de tirer.

Un de ces six enragés vint sur moi le crit à la main; je lui plongeai ma lance dans l'estomac : le Macassar, comme s'il eût été insensible, venait toujours en avant, à travers le fer que je lui tenais enfoncé dans le corps, et faisait des efforts incroyables afin de parvenir jusqu'à moi pour me percer. Il l'aurait fait immanquablement, si la garde, qui était vers le défaut de la lame, ne lui en eût ôté le moyen. Tout ce que j'eus de mieux à faire, fut de reculer en lui tenant toujours la lance dans l'estomac, sans oser jamais redoubler le coup. Enfin je fus secouru par d'autres lanciers qui achevèrent de le tuer.

Des six Macassars, il y en eut quatre de tués dans le pavillon ; les deux autres, quoique blessés grièvement, se sauvèrent en sautant du bastion en bas. La hardiesse, ou plutôt la rage de ces six hommes m'ayant fait connaître que le Portugais avait dit vrai, et qu'ils étaient en effet imprenables, je commençai à craindre les quarante-sept autres qui étaient en marche. Dans cette fâcheuse situation, je changeai l'ordre que j'avais donné de les arrêter, et reconnaissant qu'il n'y avait pas d'autre parti à prendre, je résolus de les faire tous tuer s'il était possible. Dans cette pensée, j'envoyai et j'allai moi-même de tous côtés pour faire assembler les troupes.

Cependant les Macassars, descendus à terre, marchaient vers le fort. J'envoyai ordre à un capitaine anglais, que M. Constance avait mis à la tête de quarante Portugais, d'aller leur couper chemin, de les empêcher d'avancer, et, en cas de refus de leur part, de tirer dessus, ajoutant que j'allais être à lui dans un moment, pour le soutenir avec tout ce que je pourrais ramasser de troupes. Sur la défense que l'Anglais leur fit de passer outre, ils s'arrêtèrent tout court. Pendant ce temps-là, je faisais avancer mes soldats dans le meilleur ordre que je pouvais : ils étaient armés de fusils ; mais il y avait peu à compter sur eux : c'étaient tout de nouvelles troupes et nullement aguerries.

Nous nous arrêtâmes à cinquante pas des Macassars. Il y eut des pourparlers de part et d'autre. Je leur fis dire que, s'ils voulaient, il leur était libre de retourner dans leur galère. Je compris que s'ils prenaient le parti de se rembarquer, il me serait aisé de les faire tous tuer à coups de fusil; car ils n'en avaient point pour se défendre, et ne portent jamais d'armes à feu. Ils me firent répondre qu'ils voulaient bien retourner à bord, mais qu'il fallait, auparavant qu'on leur rendît leur capitaine, sans lequel ils ne se rembarqueraient jamais.

Le capitaine anglais, ennuyé de toutes ces longueurs, m'envoya dire que, puisqu'ils ne voulaient pas entendre raison, il allait dans le moment faire attacher tous ces gueux-là, qui faisaient si fort les entendus, et, sans attendre ma réponse, marcha à eux avec beaucoup d'imprudence.

Il n'eut pas plutôt remué, que les quarante-sept Macassars, qui jusqu'alors s'étaient tenus accroupis à leur manière, se levèrent tout à coup, et ayant entouré leur bras gauche d'une espèce d'écharpe, dont ils ont accoutumé de se ceindre, ils en formèrent comme une targue; ensuite, se couvrant le corps de leur bras ainsi entortillé, ils fondirent sur les Portugais, le crit à la main, et donnèrent tête baissée, avec tant de vigueur, qu'ils les enfoncèrent et les mirent en pièces, presque avant que nous nous fussions aperçus qu'ils les avaient attaqués. De là, sans perdre haleine, ils poussèrent vers les troupes que je commandais. Quoique j'eusse plus de mille soldats armés de lances et de fusils, l'épouvante les prit à tel point, que tout se culbuta. Les Macassars leur passèrent sur le ventre, et tuant à droite et à gauche tout ce qu'ils pouvaient joindre, ce ne fut plus qu'un carnage horrible.

Dans une déroute si générale, ils nous eurent bientôt poussés jusqu'au pied de la muraille du nouveau fort. Six d'entre eux, plus acharnés que les autres, poursuivirent les fuyards et entrèrent dans la fausse baie qui donne sur la rivière auprès du mur du petit fort carré; ils passèrent de l'autre côté du fort, et ils firent dans tous ces endroits un carnage épouvantable, tuant, sans distinction d'âge et de sexe, femmes, enfants, et tout ce qui se présentait à eux.

Dans cet embarras, ne pouvant plus retenir le gros des troupes, je les laissai fuir, et comme je n'avais qu'une lance pour toute arme, je gagnai le bord du fossé, résolu de sauter dedans si j'étais poursuivi. Ma pensée était que ce fossé étant plein de vase, ils ne pourraient pas venir à moi avec leur vitesse ordinaire, et que j'en aurais meilleur parti.

Ils passèrent à dix pas sans m'apercevoir; ils

étaient trop occupés à tuer : pas un de ces malheureux Siamois qui songeât à faire face pour se défendre, tant ils étaient effrayés. Enfin, ne voyant aucun moyen de les rallier, je gagnai la porte du nouveau fort, qui n'était fermée que d'une barrière, et je montai sur un bastion, d'où je fis tirer quelques coups de fusil sur les ennemis, qui, se trouvant maîtres du champ de bataille, et n'ayant plus personne à tuer, se retirèrent sur le bord de la rivière. Après avoir conféré quelque temps entre eux, n'écoutant plus que leur désespoir, et résolus de se mettre dans la nécessité de combattre, ils regagnèrent leur galère, y mirent le feu, et, après s'être armés de targues et de lances, ils descendirent de nouveau à terre, dans le dessein de faire main basse sur tout ce qui se présenterait.

Ils commencèrent par brûler toutes les maisons des soldats, qui, selon l'usage du pays, n'étaient que de cannes, et, remontant sur le bord de la rivière, ils attaquèrent et tuèrent indistinctement tout ce qu'ils trouvaient sur leur passage. Tant de meurtres répandirent tellement l'alarme dans les environs, que la rivière fut bientôt couverte de gens à la nage, hommes et femmes, qui portaient leurs enfants sur le dos.

Touché de ce spectacle, et indigné de ne voir plus que des morts dans l'endroit où l'on avait combattu, je ramassai une vingtaine de soldats armés de fusils, et je m'embarquai avec eux sur un balon, pour suivre ces désespérés. Je les joignis à une lieue du fort; je leur fis tirer dessus, et je les obligeai à s'éloigner du rivage. Ils s'avancèrent dans les terres, d'où ils entrèrent dans des bois qui étaient à côté. N'ayant pas assez de monde pour les poursuivre, et, la partie n'étant pas égale, je n'osai pas entreprendre de les forcer. Ainsi je pris le parti de m'en retourner au fort.

A peine fus-je arrivé, qu'on vint m'avertir que les six Macassars qui avaient passé de l'autre côté de la fausse baie, s'étaient saisis d'un couvent de talapoins, qu'ils en avaient tué tous les moines, et avec eux un mandarin d'importance, dans le corps duquel l'un d'eux avait laissé son crit, qu'on me présenta. J'y courus avec quatre-vingts de mes soldats armés de lances, car ils ne savaient pas encore manier l'arme à feu; je trouvai en arrivant que les Siamois, ne pouvant plus se défendre, avaient été obligés de mettre le feu au couvent.

On me dit que les Macassars s'étaient jetés à deux pas de là, dans un champ plein de grandes herbes fort épaisses, et presque de la hauteur de trois pieds, dans lesquelles ils se tenaient accroupis. J'y conduisis ma troupe, j'en formai deux rangs bien serrés, menaçant de tuer le premier qui ferait mine de fuir. Mes lanciers ne marchaient d'abord que pas à pas et à tâtons : mais peu à peu ma présence les rassura.

Le premier Macassar que nous trouvâmes, se dressa sur ses pieds comme un furieux, et élevant son crit, allait se jeter sur mes gens; je le prévins, et je lui cassai la tête d'un coup de fusil. Quatre autres furent tués successivement par nos Siamois, qui ne s'ébranlèrent point dans cette occasion, se soutenant les uns les autres, et donnant à grands coups de lance sur ces malheureux, qui, combattant toujours à leur ordinaire, aimaient mieux trouver la mort en avançant, que de reculer un seul pas.

Comme je songeais à m'en retourner, je fus averti qu'il restait encore un sixième Macassar ; c'était un jeune garçon, celui-là même qui ayant tué le mandarin, lui avait laissé son crit dans le corps. Nous retournâmes dans les herbes pour chercher ce dernier. J'ordonnai à mes soldats de ne le point tuer, j'étais bien aise de le prendre vif, puisqu'il était désarmé : mais ils étaient si animés, et ils firent si peu d'attention à ce que je leur dis, qu'ils le percèrent de mille coups.

Étant de retour au fort, j'assemblai tous les mandarins pour conférer avec eux sur le parti qu'il y avait à prendre. Il fut résolu qu'on ramasserait tout ce qui nous restait de troupes, et que nous poursuivrions les ennemis, dès que nous aurions des nouvelles de l'endroit où ils s'étaient retirés. Je voulus ensuite savoir le nombre des morts : je trouvai que j'avais perdu dans cette malheureuse journée, trois cent soixante-six hommes. Les Macassars n'en perdirent que dix-sept ; savoir, six dans le petit fort, six au couvent des talapoins, et cinq sur le champ de bataille.

Comme je voulus entrer dans le pavillon pour me reposer un moment, car j'en avais grand besoin après les fatigues que j'avais eu à essuyer, je fus frappé d'un spectacle d'autant plus triste, que je m'y attendais moins. Outre les cadavres des Macassars et des Siamois, qu'on n'avait pas eu le temps d'enlever, je trouvai étendu sur le bord de mon lit, un jeune officier nommé Beauregard, fils d'un commissaire du roi à Brest ; il était demeuré à Siam, et je l'avais fait major de toutes les troupes siamoises. En le voyant dans cette situation, je le crus mort, et j'en eus le cœur serré de douleur.

On ne croira peut-être pas ce que je vais dire ; car, en effet, il a bien plus l'air d'une fable que de toute autre chose. Je puis pourtant assurer que je n'y ajouterai rien du mien, et que je ne rapporterai que la pure vérité. M'étant approché du lit, et ayant examiné ce jeune homme de plus près, je vis qu'il respirait encore, mais il ne parlait plus, et il avait la bouche toute couverte d'écume ; je lui trouvai le ventre ouvert, toutes les entrailles et l'estomac même qui étaient sortis, pendaient en s'abattant sur les cuisses. Ne sachant comment faire pour lui donner quelque secours, car je n'avais ni remède, ni chirurgien, je me hasardai de le traiter comme je pourrais.

Pour cet effet, ayant accommodé deux aiguilles avec de la soie, je remis les entrailles à leur place, et je cousis la plaie, comme j'avais vu faire dans de semblables occasions. Je fis ensuite deux ligatures que je joignis, et après avoir battu du blanc d'œuf, que je mêlai avec de l'arack qui est une espèce d'eau-de-vie ; je m'en servis pour panser le malade, ce que je continuai pendant dix jours. Mon opération réussit parfaitement bien, et Beauregard fut guéri ; à la vérité, il n'eut jamais la fièvre, ni aucun autre symptôme fâcheux. Je remarquai en lui remettant les entrailles dans le ventre, qu'elles étaient déjà sèches comme du parchemin, et mêlées avec du sang caillé ; mais tout cela n'empêcha pas la parfaite guérison qui suivit peu de jours après.

Le lendemain matin je reçus avis qu'un des six Macassars qui avaient combattu dans le pavillon, n'était pas mort. Quelques soldats siamois l'avaient saisi, et de peur qu'il ne leur échappât, ils en avaient fait comme un peloton à force de le lier.. Je fus le voir pour le questionner, et pour en tirer, s'il était possible, quelque éclaircissement, soit par rapport à ses camarades, soit par rapport aux mouvements qui s'étaient faits à Louvo et à Joudia. Ce démon, car la force et la patience humaine ne vont pas si loin, avait passé avec un sang-froid étonnant toute la nuit dans les boues, ayant dix-sept coups de lance dans le corps. Je lui fis quelques questions, mais il me répondit qu'il ne pouvait me satisfaire, qu'auparavant je ne l'eusse fait détacher. Il n'y avait pas à craindre qu'il échappât; j'ordonnai au sergent français que j'avais mené avec moi, de le délier. Celui-ci posa sa hallebarde contre un petit arbre, assez près du blessé, et le jugeant hors d'état de rien entreprendre, il la laissa, après l'avoir détaché, dans l'endroit où il l'avait mise d'abord.

A peine le Macassar fut en liberté, qu'il commença à allonger les jambes et à remuer les bras, comme pour les dégourdir. Je m'aperçus qu'en répondant aux questions que je lui faisais, il se tournait, et tâchant de gagner terrain, s'approchait insensiblement de la hallebarde pour s'en saisir. Je connus son dessein, et m'adressant au sergent : « Tiens-toi près de ta hallebarde, lui dis-je; voyons jusqu'où cet enragé poussera l'audace.» Dès qu'il en fut à portée, il ne manqua pas de se jeter dessus pour la saisir en effet, mais ayant

plus de courage que de force, il se laissa tomber
presque mort sur le visage; alors voyant qu'il n'y
avait rien à espérer de lui, je le fis achever sur-
le-champ.

J'étais si frappé de tout ce que j'avais vu faire à
ces hommes qui me paraissaient si différents de
tous les autres, que je souhaitai d'apprendre d'où
pouvait venir à ces peuples tant de courage, ou
pour mieux dire tant de férocité. Des Portugais
qui demeuraient dans les Indes depuis l'enfance,
et que je questionnai sur ce point, me dirent que
ces peuples étaient habitants de l'île de Calebos,
ou Macassar; qu'ils étaient mahométans schisma-
tiques et très-superstitieux; que leurs prêtres leur
donnaient des lettres écrites en caractères magi-
ques qu'ils leur attachaient eux-mêmes au bras,
en les assurant que tant qu'ils les porteraient sur
eux, ils seraient invulnérables; qu'un point particulier de leur créance ne contribuait pas peu à les
rendre cruels et intrépides. Ce point consiste à
être fortement persuadés que tous ceux qu'ils
pourront tuer sur la terre, hors les mahométans,
seront tout autant d'esclaves qui les serviront
dans l'autre monde. Enfin, ils ajoutèrent qu'on
leur imprimait si fortement dès l'enfance ce qu'on
appelle le point d'honneur, qui se réduit parmi
eux à ne se rendre jamais, qu'il était encore hors
d'exemple qu'un seul y eût contrevenu.

Pleins de ces idées, ils ne demandent ni ne donnent jamais de quartier ; dix Macassars, le cri à la main, attaqueraient cent mille hommes. Il n'y a pas lieu d'en être surpris ; des gens imbus de tels principes ne doivent rien craindre, et ce sont des hommes bien dangereux. Ces insulaires sont d'une taille médiocre, basanés, agiles et très-vigoureux. Leur habillement consiste en une culotte fort étroite, et comme à l'anglaise, une chemisette de coton blanche ou grise, un bonnet d'étoffe bordé d'une bande de toile large d'environ trois doigts ; ils vont les jambes nues, les pieds dans des babouches, et se ceignent les reins d'une écharpe, dans laquelle ils passent leur arme diabolique. Tels étaient ceux à qui j'avais affaire, et qui me tuèrent misérablement tant de monde.

Beauregard, à qui j'avais remis les entrailles, et que je continuais de panser, se trouvant un peu mieux, et commençant à parler, je voulus savoir de lui comment il avait reçu sa blessure, puisque tandis que nous étions dans le fort à batailler avec les six premiers Macassars, il était dehors.

Il me dit qu'ayant vu tomber du bastion deux hommes, la tête la première, et ayant pris l'un d'eux pour le capitaine, il y était accouru pour empêcher les Siamois de le tuer ; que le Macassar s'en étant aperçu, et contrefaisant le mort, l'avait laissé approcher, jusqu'à ce qu'étant à portée, il lui avait allongé un coup de crit qui lui avait fait la blessure que j'avais vue ; que dans cette situation, ne sachant où aller et portant ses entrailles dans les mains, il avait gagné le pavillon où, ne trouvant personne pour le secourir, il était tombé de faiblesse sur mon lit, à peu près dans la situation où je le trouvai.

Je rendis compte à M. Constance de cette malheureuse aventure ; quoique sa manœuvre ne m'eût que trop manifesté sa mauvaise volonté à mon égard, je crus qu'il ne convenait pas de lui en témoigner du ressentiment. Je lui écrivis donc, comme si je ne m'étais douté de rien ; et en lui faisant un détail bien circonstancié de tout ce qui m'était arrivé, je lui donnai avis de prendre garde au reste des Macassars qui étaient retranchés dans leur camp, et de profiter de mon malheur. Ayant reçu ma relation, il fit entendre au roi tout ce qu'il voulut ; et comme je m'étais sans doute trop bien conduit à son gré, il me répondit par une lettre pleine de reproches, m'accusant d'imprudence et d'avoir été, par mon peu de conduite, la cause de tout ce massacre ; il finissait en me donnant ordre, non plus d'arrêter les Macassars comme la première fois, mais d'en faire mourir tout autant que je pourrais.

Je n'avais pas attendu ses instructions sur ce

point. Dès le lendemain de notre déroute, ayant encore assemblé tous les mandarins, je leur avais distribué des troupes avec ordre de se tenir sur les avenues, pour empêcher que les ennemis qui avaient gagné les bois ne revinssent sur le bord de la rivière y jeter de nouveau l'épouvante, car c'est ce qu'il y a de plus habité dans le pays et l'endroit où ils pouvaient faire le plus de ravage.

Quinze jours après, j'appris qu'ils avaient paru à deux lieues de Bancok ; j'y courus avec quatre-vingts soldats que j'embarquai dans mon balon, le pays étant encore inondé. J'arrivai fort à propos pour rassurer les peuples ; j'y trouvai plus de quinze cents personnes qui fuyaient comme des moutons devant vingt-quatre ou vingt-cinq Macassars, qui étaient encore attroupés.

A mon arrivée, ces furieux abandonnèrent quelques balons dont ils s'étaient saisis et se jetèrent à la nage. Je leur fis tirer dessus ; mais ils furent bientôt hors de la portée du fusil et se retirèrent dans les bois. Je rassemblai tout ce peuple effrayé ; je lui reprochai sa lâcheté et la honte qu'il y avait à fuir devant un si petit nombre d'ennemis. Animés par mes discours, ils se rallièrent et les poursuivirent jusqu'à l'entrée du bois où, voyant qu'il était impossible de les forcer, je retournai à Bancok.

Je trouvai, en arrivant, deux de ces malheureux qui ayant été blessés n'avaient pu suivre les autres et avaient été pris par nos Siamois. Un missionnaire que j'avais auprès de moi, appelé M. Manuel, les ayant regardés comme un objet digne de son zèle, fit tant et leur parla avec tant de force, qu'ils se convertirent et moururent peu de temps après avoir reçu le baptême.

Quelques jours après, on m'en amena un troisième ; le missionnaire le prêcha beaucoup, mais inutilement. Ce misérable demanda si se faisant chrétien on lui sauverait la vie, on lui dit que non. « Puisque je dois mourir, dit-il, qu'importe de demeurer avec Dieu ou avec le diable? » Là-dessus il eut le cou coupé. Un Siamois qui vit que je faisais emporter la tête pour l'exposer au bout d'une lance, me pria de n'en rien faire, en m'assurant que quelqu'un ne manquerait pas de l'enlever dans la nuit pour s'en servir à des sortiléges auxquels la nation est fort portée. Je me pris à rire de ce qu'il disait, et me moquant de la superstition siamoise, j'ordonnai que la tête serait mise en un lieu où elle pût être vue, et donner de la terreur aux autres.

Au bout de huit jours, quelques paysans tout effrayés vinrent m'avertir que les ennemis avaient paru sur le rivage, qu'ils y avaient pillé un jardin d'où ils avaient enlevé quelques herbes et une quantité assez considérable de fruits.

J'y allai avec environ cent soldats armés de lances et de fusils ; j'y trouvai plus de deux mille Siamois qui s'étaient rendus sur le lieu. On me fit remarquer l'endroit où les Macassars avaient mangé et couché.

Lassé de me voir mener pendant si longtemps par une poignée d'ennemis, je résolus d'en voir le bout. Je partageai les deux mille hommes que j'avais en deux corps, que je postai à droite et à gauche, et je me mis avec mes cent hommes aux trousses de ces bêtes féroces. Je suivis dans l'eau la route qu'ils s'étaient ouverte à travers les herbes. Comme ils mouraient presque de faim, ne se nourrissant depuis un mois que d'herbes sauvages, je vis bien qu'il était temps de ne les plus marchander, surtout n'ayant avec moi que des hommes frais et dont je pouvais tirer quelque parti. Dans cette pensée, je leur fis doubler le pas ; après avoir marché environ une demi-lieue, nous aperçûmes les ennemis et nous nous mîmes en devoir de les joindre.

Je les serrais de fort près. Pour m'éviter, ils se jetèrent dans un bois qui était sur la gauche, d'où ils tombèrent sur une troupe des miens qui, du plus loin qu'ils les aperçurent, firent une décharge de mousqueterie hors de la portée et se sauvèrent à toutes jambes. Cette fuite ne me fit pas prendre le change ; je joignis encore les ennemis et je mis mes soldats en bataille. Comme nous avions de l'eau jusqu'à mi-jambe, les Macassars ne pouvant venir à nous avec leur activité ordinaire, gagnèrent une petite hauteur entourée d'un fossé, où il y avait de l'eau jusqu'au cou.

Je les investis, et m'approchant jusqu'à la distance de dix à douze pas, je leur fis crier par un interprète de se rendre, les assurant que s'ils se fiaient à moi je m'engageais à leur ménager leur grâce auprès du roi de Siam. Ils se tinrent si offensés de cette proposition qu'ils nous jetèrent leur lance contre, en témoignage de leur indignation ; et se jetant un moment après eux-mêmes dans l'eau, le.crit aux dents, ils se mirent à la nage pour nous venir attaquer.

Les Siamois encouragés et par mes discours et par mon exemple, firent si à propos leur décharge sur ces désespérés, qu'il n'en échappa pas un seul. Ils n'étaient plus que dix-sept, tout le reste était mort dans les bois, ou de misère, ou des blessures qu'ils avaient reçues. J'en fis dépouiller quelques-uns, je les trouvai tous secs comme des momies, n'ayant que la peau collée sur les os : ils avaient tous sur le bras gauche de ces caractères dont nous avons parlé, et avec lesquels ils se regardent comme invincibles sur la parole de leurs prêtres qui, pour quelque intérêt

de peu de valeur, les séduisent misérablement
tous les jours.

Telle fut la fin de cette malheureuse aventure
qui, pendant un mois, me causa des fatigues incroyables, qui faillit me coûter la vie, qui me fit
périr tant de monde, et qui n'aurait jamais eu
lieu sans la jalousie d'un ministre aussi méfiant
que cruel.

Mais pour faire voir encore mieux combien in-
justes étaient les reproches qu'il me fit, lorsqu'en
répondant à ma lettre il m'avait taxé d'impru-
dent, je rapporterai en peu de mots ce qui se
passa à Siam au sujet du prince des Macassars
qui, après la conspiration découverte, s'était re-
tranché dans son camp. M. Constance, résolu de
l'attaquer, avait ramassé plus de vingt mille
hommes, à la tête desquels il avait mis quarante
Européens, Français, Anglais et Hollandais. Avec
ces troupes, il entreprit de forcer les retranche-
ments des ennemis. Ceux-ci firent d'abord semblant de fuir; Constance y fut trompé, et les
croyant en déroute, il commanda aux Siamois de
les poursuivre. Ses gens les chargèrent d'abord et
les suivirent en assez bon ordre; mais peu à peu
s'étant débandés, les Macassars firent tout à coup
volte-face et les chargèrent à leur tour si vigou-
reusement, qu'ils tuèrent d'abord dix-sept des
Européens et plus de mille Siamois. M. Constance

lui-même faillit à y périr et ne se sauva qu'en se jetant dans la rivière, où il se serait noyé sans le secours d'un de ses esclaves.

La quantité de corps morts que la rivière emportait, et qui passèrent devant Bancok, furent les premiers courriers qui nous annoncèrent cette défaite, après laquelle le ministre ne se trouva pas peu embarrassé. Il fit faire plusieurs propositions au prince des Macassars, qui ne voulut jamais rien entendre. Enfin, n'y ayant plus d'autre parti à prendre, il se résolut à une seconde attaque, à laquelle il se prépara pendant deux mois, et dont il se tira avec plus d'honneur, ayant pris des mesures plus justes que la première fois. L'expérience qu'il avait faite lui ayant appris qu'il avait affaire à des gens dont il ne lui serait pas aisé de tirer parti s'il les attaquait à force ouverte, il s'avisa d'un stratagème qui lui réussit et auquel il fut redevable de la victoire.

Comme le pays était inondé, en sorte qu'on était obligé de marcher dans l'eau jusqu'à mi-jambe, il fit faire des claies de cannes, où l'on avait posé fort près l'un de l'autre, de gros clous à trois pointes, qui traversaient la claie, et s'élevaient par-dessus à la hauteur d'un demi-pied. Ces machines qui marchaient devant les troupes furent plongées dans l'eau, en sorte que ne paraissant plus, et les Macassars à leur ordinaire, venant tous à la fois à la charge, tête baissée, et sans voir où ils mettaient les pieds, se trou- vaient pris pour la plupart, tellement que ne pouvant plus ni avancer, ni reculer, on en tua debout à coups de fusil un nombre très-considé- rable.

Ceux qui échappèrent s'étant retranchés dans des maisons de cannes ou de bois, auxquelles on mit le feu, n'en sortirent qu'à demi brûlés, et se laissèrent assommer, sans qu'aucun demandât quartier; aussi ne sauva-t-on la vie qu'à deux jeunes fils du prince, qui furent amenés à Louvo. On les a vus depuis en France servir dans la ma- rine, ayant été amenés dans le royaume par le père Tachard.

V.

Aventures du chevalier de Forbin dans son gouvernement de Bancok.

Après cette courte digression sur la manière dont M. Constance se démêla de l'affaire des Ma- cassars, je reviens à mes occupations à Bancok. N'ayant plus d'ennemis à combattre, je m'occu- pais à faire avancer les fortifications, et à dresser mes soldats. Après avoir donné quelque temps à ces emplois, je fus bien aise de faire le tour de mon gouvernement, soit pour me faire reconnaître, soit pour reconnaître moi-même l'état du pays.

Pour être reçu avec la distinction qui convenait à ma dignité, je ne manquais pas de me faire annoncer dans tous les endroits par où je devais passer. Aussitôt les mandarins, et les plus distingués du lieu, me préparaient une réception la mieux ordonnée qu'ils pouvaient. Ils venaient ordinairement à ma rencontre, et après m'avoir logé dans la maison la plus apparente, ils me prêtaient hommage et obéissance, comme à celui qui représentait la personne du roi.

Je passai par un village, auprès duquel on me dit qu'il y avait un talapoin que ses vertus rendaient célèbre dans tout le pays. Ses confrères en faisaient un si grand cas, qu'ils l'avaient fait leur supérieur, en sorte qu'il était, par rapport à sa dignité, en aussi grande considération parmi les Siamois, qu'un évêque pourrait l'être parmi nous. Je me détournai pour aller le visiter; je trouvai en effet un vieillard respectable par son grand âge, et par un air de modestie qui se répandait sur toute sa personne.

Pour me faire honneur, il mit un bétel dans la bouche, et, après l'avoir mâché assez longtemps, il me le présenta pour le mâcher moi-même à mon tour. Je n'étais pas assez fait à la malpropreté des Siamois pour accepter la grâce qu'il me 'aisait. Un des mandarins qui étaient auprès de moi, me représenta que je ne devais pas refuser un honneur qui n'était dû qu'au roi et à moi : « Je vous le cède, lui répondis-je, avalez vous-même la pilule, si elle est de votre goût. » Il ne se le fit pas dire deux fois, il ouvrit la bouche, et reçut avec beaucoup de respect, des mains du talapoin, le bétel dont je n'avais pas voulu.

Je vis dans ce voyage une prodigieuse quantité de singes de différente espèce : le pays en est tout peuplé. Ils se tiennent volontiers aux environs de la rivière, et vont ordinairement en troupe. Chaque troupe a son chef qui est beaucoup plus gros que les autres; quand la marée est basse, ils mangent de petits poissons que l'eau a laissés sur le rivage. Lorsque deux différentes troupes se rencontrent, ils s'approchent les uns des autres, jusqu'à une certaine distance, où ils paraissent faire halte; ensuite les gros *macous*, ou chefs des deux bandes, s'avancent jusqu'à trois ou quatre pas, se font des mines et des grimaces, comme s'ils s'entre-parlaient, et ensuite faisant tout à coup volte-face, ils vont rejoindre chacun la troupe dont il est chef, et prennent des routes différentes. Au retour de la marée, ils se perchent sur des arbres, où ils demeurent jusqu'à ce que le pays soit à sec.

Je prenais souvent plaisir à observer tout leur petit manége : j'en vis un jour une douzaine qui s'épluchaient au soleil. Une femelle qui était en rut, s'écarta de la troupe, et se fit suivre par un mâle; le gros macou, qui s'en aperçut un moment après, y courut; il ne put attraper le mâle qui se sauva à toutes jambes; mais il ramena la femelle à qui il donna, en présence des autres, plus de cinquante soufflets, comme pour la châtier de son incontinence.

En passant par un village où je m'étais reposé un moment, un mandarin qui en était le chef, vint tout empressé me présenter un ver d'environ neuf pouces de long, et gros à proportion : il était tout blanc, et avait assez la figure d'un de nos vers à soie, à cela près qu'il était beaucoup plus long. Ce bonhomme comptait de me présenter un morceau friand; je ne pus m'empêcher de rire de sa simplicité, et me tournant vers un autre mandarin qui m'accompagnait, je lui demandai si ce ver était bon à manger : « Il est très-excellent, » me dit-il; je le lui fis donner : le mandarin le mangea tout vif avec avidité.

Je remarquai qu'il sortait de la bouche du Siamois comme de la crème, ce qui me fit croire que cet insecte ne devait pas être si mauvais. Sans l'horreur que j'avais à le voir, j'en aurais volontiers goûté. Ceux qui n'ayant jamais vu des huîtres nous les verraient manger toutes crues, en auraient du dégoût; les huîtres sont pourtant fort bonnes : l'usage aplanit bien des choses en cette matière, et on ne doit point disputer des goûts.

La visite de mon gouvernement étant faite, je repris le chemin de Bancok. Je m'y occupai encore pendant quelque temps à dresser mes soldats, et à faire avancer les fortifications, qui allaient avec assez de lenteur. Un accident qui revenait tous les jours, et auquel on ne pouvait remédier, en était en partie cause. Comme les Siamois vont toujours nu-pieds, il arrivait très-souvent que mes travailleurs étaient piqués en remuant les terres par une sorte de petits serpents de couleur argentée, et de la longueur d'environ un pied.

Leur morsure est si venimeuse, qu'une heure après, celui qui en a été piqué tombe dans des convulsions, et mourrait infailliblement dans vingt-quatre heures, s'il n'était promptement secouru. Les médecins chinois ont un remède admirable contre ce mal. Ils composent une certaine pierre qu'on applique sur la morsure, et qui s'y attache d'abord; peu après les convulsions cessent, le malade reprend ses sens, et la pierre tombe d'elle-même, dès qu'elle a tiré tout le venin. La même pierre sert toujours, mais pour lui rendre sa première vertu, il faut la faire tremper pendant vingt-quatre heures dans du lait de femme.

Malgré mes occupations, je commençais à m'ennuyer à Bancok. Les bontés dont le roi m'avait honoré à Louvo, m'en avait rendu le séjour assez supportable ; mais depuis que j'en étais parti, je me lassais peu à peu de me voir dans un pays où je vivais sans agrément, et où je ne voyais aucun jour à avancer ma fortune. Dans cette situation, je souhaitai de retourner à la cour. J'en écrivis à M. Constance, mais comme il ne voulait point de moi auprès du roi, il ne manqua pas de prétextes pour éluder ma demande.

Ce fut à peu près dans ce temps-là que je reçus à Bancok quatre des jésuites avec qui nous avions fait le voyage de Siam. Le père Tachard, ainsi que nous avons dit, était retourné en France avec les ambassadeurs. Constance avait retenu auprès de lui le père Le Comte ; les quatre autres, savoir : les pères de Fontenai, Bouvet, Gerbillon et Visdelou, ayant trouvé un embarquement, partaient pour la Chine.

Je leur fis tout l'accueil dont j'étais capable : pendant leur séjour je les entretins souvent de la dureté de M. Constance à mon égard, et je leur fis le détail de tout ce qu'il avait fait pour me perdre. Quand je leur parlai de l'affaire des Ma-

cassars, je trouvai qu'ils en savaient quelque
chose en gros ; mais ils ignoraient, ou du moins
n'étaient-ils informés que confusément de l'ordre
qui m'avait été adressé, et de la manière dont le
ministre avait souhaité que je me conduisisse.

Par tout ce qu'ils me dirent, je compris que je
parlais à des personnes à qui M. Constance était
aussi connu qu'à moi-même ; mais quoique par
discrétion ces pères ne jugeassent pas à propos de
s'expliquer ouvertement, après être entrés dans
toutes mes peines, m'avoir consolé le mieux qu'il
leur fut possible, ils me conseillèrent de repasser
en France le plus tôt que je pourrais. Nous passâmes ainsi quelques jours, moi à me plaindre du
ministre, et eux à me consoler ; enfin après bien
des témoignages d'amitié, très-sincères de part
et d'autre, nous nous embrassâmes les larmes
aux yeux, comptant de nous séparer pour toute
la vie.

Quoique depuis quelque temps je fusse déjà assez disposé à ménager mon retour en France, les
derniers entretiens que j'avais eus avec ces quatre
jésuites me confirmèrent encore plus fortement
dans cette pensée. J'avais continuellement dans
l'esprit, et la misère d'un pays qui ne me paraissait d'aucune ressource, et les perfidies d'un ministre à qui j'avais fait tout le bien que j'avais
pu, et qui, en récompense de mes bons services,

non-seulement m'avait éloigné de la cour, mais encore avait voulu m'empoisonner, et avait attenté sur ma vie en tant de différentes manières.

Tandis que j'étais ainsi tout occupé de la pensée de mon retour, j'eus de quoi m'y confirmer par un nouvel ordre que je reçus de la cour, et qui ne me fit que trop comprendre que la haine de Constance n'était pas encore épuisée.

Il était arrivé depuis quelque temps à la Barre un bâtiment anglais armé de quarante pièces de canon et de quatre-vingt-dix hommes d'équipage, tous Européens. M. Constance prétendait que le capitaine de ce vaisseau avait friponné autrefois au roi de Siam une partie considérable de marchandises. Sous ce beau prétexte, il m'envoya ordre de me transporter dans le bâtiment anglais avec deux hommes seulement, et d'enlever ce capitaine comme coupable de crime de lèse-majesté; ce sont les propres paroles de l'ordre que j'ai gardé, écrit en français, de la main du père Le Comte.

Je n'eus pas de peine à comprendre, comme j'ai déjà dit, que cette commission, qui ne ressemblait pas mal à celle des Macassars, n'était qu'un nouveau piége qui m'était tendu par la jalousie de M. Constance. Je résolus pourtant d'exécuter cet ordre à la lettre. Comme je me promenais en rêvant aux moyens d'en venir à bout,

M. Manuel avec qui je vivais assez familièrement, me voyant l'esprit si préoccupé, me demanda à quoi je rêvais si profondément : « Tenez, lui dis-je, lisez cet ordre que je viens de recevoir. » Ce bon missionnaire ayant vu de quoi il était question : « M. Constance, me dit-il, n'y pense pas; l'exécution de cet ordre est impossible.

— C'est pourtant sur les mesures qu'il y a à prendre pour l'exécuter, lui repartis-je, que roulaient les méditations dans lesquelles vous m'avez vu si enfoncé; car, je vous l'avoue, je suis piqué au vif, et je veux pousser M. Constance à bout, en lui faisant voir que des projets qu'il juge impossibles dans le fond, et dont il ne me charge que parce qu'il compte que j'y périrai, sont encore au-dessous de moi. » M. Manuel, surpris de ma résolution, fit tout ce qu'il put pour m'en détourner. « Vous avez beau faire, lui dis-je, mon parti est pris, et je n'en démordrai pas quand je devrais y périr. L'exemple que les Macassars nous ont donné, il y a peu de jours, est bon à suivre; il faut toujours avancer, et ne reculer jamais. Rassurez-vous pourtant, j'userai de précaution, et j'espère de me tirer encore heureusement de ce mauvais pas. »

A ces mots, l'ayant quitté, je me jetai brusquement dans mon balon à quatre-vingts rameurs. Pour me venger de M. Constance, j'embarquai malicieusement avec moi l'oncle de sa femme : il était métis, assez bonhomme, mais nullement guerrier. Je fus bien aise en lui faisant tenir la place d'un des deux hommes qui devaient me seconder, de lui faire courir la moitié du risque, et de le mettre au moins à portée de reconnaître par lui-même de quoi M. Constance était capable.

Pendant le trajet qu'il y avait depuis Bancok jusqu'à l'endroit de la rade où était le vaisseau, ce bon Japonais ne cessa de me demander où je prétendais le conduire. Il n'était pas encore temps de le lui faire savoir, je ne répondis à ses questions qu'en badinant. Quand je fus à la Barre, il fallut quitter le balon ; car ces sortes de bâtiments ne peuvent aller que dans la rivière. Je pris un bateau propre pour la mer, dans lequel ayant embarqué huit de mes rameurs, et ayant joint à l'oncle de Mme Constance, le gouverneur de la Barre, nous voguâmes jusque bien avant dans la rade.

Nous n'étions plus qu'à deux lieues du vaisseau anglais, lorsque mon métis me demanda encore où je le menais. Pour toute réponse je lui présentai l'ordre du roi, que je lui expliquai en portugais. Il en fut si effrayé, que n'étant plus maître de lui-même : « Que vous ai-je donc fait, monsieur, s'écriait-il, pour me mener ainsi à la boucherie ? Et quel cas, je vous prie, ce capitaine an-

glais fera-t-il des ordres du roi de Siam, qu'il ne
craint point, et qui dans toute cette affaire ne
sera certainement pas le plus fort? — Monsieur,
lui repartis-je, quand on est au service d'un roi,
il faut obéir à la lettre, sans examiner les périls
qui doivent être comptés pour rien. Nos biens et
nos vies sont aux souverains, et ils peuvent en
disposer comme il leur plaît. »

Toutes ces raisons, bien loin de persuader ce
bonhomme, ne faisaient qu'augmenter sa peur,
qui redoublait à mesure que nous approchions du
navire. Pour rassurer ce poltron : « Voici, monsieur, lui dis-je, l'expédient que j'ai trouvé pour
prendre ce capitaine, sans courir un trop grand
danger, ni vous ni moi; mon but est de l'obliger
sous quelque prétexte à sortir de son bord et à
passer dans le mien; pour cela j'entrerai dans son
vaisseau, vous me suivrez, il ne manquera pas de
me faire beaucoup de civilités, j'y répondrai; et
de la manière dont j'ai imaginé mon dessein, je
compte que j'en viendrai à bout; tenez cependant, voilà l'ordre du roi, mettez-le dans votre
poche, et gardez-le jusqu'à ce que nous en ayons
besoin; mais armez-vous de courage, et prenez
un air assuré, sans quoi tout notre projet échoue-
rait infailliblement.

—Mais si tout ce que vous imaginez ne réussit
pas, me répliqua cet homme plus prudent que de

raison, que ferez-vous? — Alors, répondis-je, je me conduirai à la macassarde, je mettrai l'épée à la main, je dirai au capitaine que j'ai ordre de l'arrêter, et que s'il fait la moindre résistance, je le tuerai; à ces mots vous sortirez l'ordre du roi, et vous crierez à tout l'équipage que s'ils résistent, Sa Majesté Siamoise les fera tous pendre. — Hé! monsieur, me répondit-il, nous allons mourir. — C'est notre sort, lui dis-je, mourir aujourd'hui ou demain, qu'importe, pourvu que ce soit glorieusement? »

Cependant nous abordâmes le navire; j'y montai suivi du Japonais, qui était plus mort que vif. Le capitaine qui s'aperçut de cet abattement, me demanda ce qu'avait monsieur : « Ce n'est rien, lui dis-je, il craint la mer. » A ce mot, nous entrâmes dans la chambre de poupe, on y apporta du vin, et je fus salué d'un grand nombre de coups de canon, après bien des excuses que le capitaine me fit sur l'état dans lequel il me recevait, car je le trouvai en robe de chambre et en bonnet; il me demanda quelles affaires m'amenaient dans son bord.

« Ce sont, lui répondis-je, des affaires très-importantes. Sa Majesté Siamoise ayant eu avis que les Hollandais ont fait à Batavie un armement très-considérable, dans le dessein de venir brûler tous les vaisseaux qui sont dans la rade, et ayant de plus été informée que leur flotte est déjà en mer, j'ai ordre d'assembler les capitaines des vaisseaux et des autres bâtiments pour conférer tous ensemble et pour aviser aux moyens qu'il y aura à prendre pour n'être pas pris au dépourvu. Comme M. Constance vous sait ici, il m'ordonne de m'adresser principalement à vous et de déférer à vos avis, persuadé qu'il est de votre valeur et de votre expérience. »

Ce capitaine croyant bonnement tout ce que je lui disais : « Je vais, me répondit-il, faire mettre la chaloupe en mer, j'enverrai avertir tout ce qu'il y a d'officiers aux environs, afin qu'ils se rendent ici, où nous pourrons consulter ensemble sur un point si important.—C'est fort bien avisé,» lui dis-je; ensuite, feignant de réfléchir un petit moment en moi-même : « Mais, monsieur, continuai-je, votre navire étant le plus éloigné de tous, ne serait-il pas mieux de vous mettre vous-même dans votre chaloupe; nous irions, vous d'un côté, moi d'un autre, rassembler tout ce qu'il y a de capitaines dans la rade. Nous les mènerions dans le navire qui est le plus près de la Barre, et le conseil étant fini, chacun regagnerait son bord sans avoir à faire tant de chemin. »

L'Anglais, qui ne se défiait en aucune sorte de ce que je lui disais, acquiesça volontiers à cette proposition. Je craignais toujours qu'il ne se ravi-

sât. « Profitons du temps, lui dis-je, je m'aper-
çois que la marée commence à passer. » A ces
mots, je me levai et je descendis dans mon bateau, où je m'assis; alors affectant d'avoir oublié
quelque chose d'essentiel, je criai au capitaine,
qui, voulant me faire honneur, se tenait sur le
bord de son bâtiment pour me voir partir : « Monsieur, si vous vouliez vous donner la peine de
descendre, j'aurais encore un mot important à
vous communiquer. » Je commandai en même
temps à un de mes rameurs de tenir l'amarre à la
main, et de lâcher quand je lui ordonnerais.
L'Anglais descendit bonnement, et s'étant assis
auprès de moi « Largue l'amarre, » dis-je à mon
matelot, à qui je parlai tout bas, et en siamois,
pour n'être point entendu. Ensuite, passant la
main sur l'épaule du capitaine, comme pour lui
parler à l'oreille plus commodément, et sans
qu'on pût nous entendre : « Monsieur, lui dis-je,
puisque j'ai ordre du roi de Siam de suivre votre
avis préférablement à tout autre, il conviendrait
que vous fussiez ici avec moi, et que nous consul-
tassions encore quelque temps ensemble, afin de
nous trouver de même avis quand nous serons
assemblés. »

Comme la marée était forte, l'Anglais s'aperçut
bientôt qu'on l'éloignait de son bord : « Où me
menez-vous donc ainsi tout nu? » me dit-il, et en

même temps, sans attendre ma réponse, il se mit
à crier à son équipage. J'ordonnai alors à mes
gens de faire force de rames pour gagner pays, et,
déclarant au capitaine l'ordre que j'avais, je lui
témoignai combien j'étais fâché d'avoir eu besoin
de recourir à toutes ces ruses pour exécuter ma
commission. Je le priai au reste de ne s'inquiéter
de rien, l'assurant qu'il ne manquerait ni d'habit,
ni de tout ce qui lui serait nécessaire pour son
entretien.

Cependant la chaloupe anglaise, qui fut armée
en très-peu de temps, commençait à me donner
la chasse; voyant que je ne pouvais éviter d'être
pris, j'allai à bord d'un petit bâtiment portugais, et
prenant mon pistolet à la main : « Montez dans ce
bâtiment, dis-je à mon prisonnier; si vous hési-
tez, c'est fait de vous, je vous tue. » Quand nous
fûmes entrés, je demandai main-forte à l'officier.
Ce bonhomme se mit en mouvement; mais il
n'avait que huit ou dix gueux avec lui : faible
ressource contre une trentaine d'Européens qui
venaient bien armés, et résolus de se bien battre.

Ne voyant pas d'autre expédient pour éviter
d'être pris, je dis au capitaine : « Monsieur, criez
à votre chaloupe de s'en retourner, et songez
qu'il y va de votre vie à faire en sorte qu'ils vous
obéissent; s'ils approchent, vous êtes mort; et,
après vous avoir tué, peut-être saurai-je encore

me défendre contre vos gens. » Je dis ces paroles d'un ton si ferme, que l'Anglais ne voulut pas hasarder le coup, et fit retourner son monde, qui lui obéit sur-le-champ. Quand je les vis loin, je rentrai dans mon bateau ; et, après avoir remercié le capitaine portugais, je repris la route de Bancok, où je n'oubliai rien de tout ce que je crus pouvoir rendre à mon Anglais sa prison plus supportable.

Je ne tardai pas à donner avis à M. Constance de ma fidélité à exécuter les ordres du roi, mais en même temps, je crus qu'il convenait de me plaindre de ces mêmes ordres. Je le fis pourtant avec circonspection, car je n'étais pas le plus fort, et j'avais affaire à un ennemi dangereux. Je me contentai de lui représenter que les commissions qu'il m'adressait n'étaient pas tout à fait dignes de moi, et qu'il ne paraissait pas convenable d'envoyer à un amiral des ordres qui conviendraient mieux à des officiers d'un rang inférieur.

Je fis partir en même temps mon prisonnier pour Louvo, où il se tira d'affaire moyennant dix mille écus, dont M. Constance jugea à propos de se prévaloir. Quant à moi, le ministre nia de m'avoir envoyé l'ordre sur lequel j'avais agi, et, dans la réponse qu'il me fit, me taxant une seconde fois de témérité et d'imprudence, il me défendit de la part du roi de m'éloigner de Bancok au delà de deux lieues. Ce fut là toute la récompense que je retirai d'une expédition assez périlleuse, dans laquelle je ne m'étais engagé que pour obéir aux ordres que j'avais reçus.

Je fus si outré de ce procédé, que, ne balançant plus dès lors sur ce que j'avais à faire, je résolus de passer en France à la première occasion. Comme je n'y voyais point encore de jour, au moins pour quelque temps, je pris le parti de dissimuler mon chagrin et d'attendre en patience le moment de me retirer. Pour tromper mon ennui dans cette espèce d'exil, car, depuis ma dernière lettre du ministre, je me regardais comme exilé, je m'amusais de temps en temps à prendre des crocodiles.

On en voit bon nombre aux environs de Bancok. Les Siamois les prennent de deux manières; ils se servent pour la première d'un canard en vie, sous le ventre duquel ils attachent une pièce de bois de la longueur d'environ dix pouces, grosse à proportion, et pointue par les deux bouts. A cette pièce de bois ils lient une corde fine, mais très-forte, à laquelle sont attachés des morceaux de bambou, espèce de bois fort léger, dont ils se servent en guise de liége. Ils mettent ensuite au milieu de la rivière le canard, qui, fatigué par la pièce de bois, crie et se débat pour se dégager. Le crocodile qui l'aperçoit, se plonge dans l'eau, vient le prendre par-dessous, et se prend lui-même au morceau de bois, qui s'arrête en travers dans son gosier.

Dès qu'on s'aperçoit qu'il est pris, ce qu'on reconnaît au tiraillement de la corde et à l'agitation du bambou, on fait le signal et l'on amène l'animal à fleur d'eau, malgré les efforts qu'il fait pour se débarrasser. Quand il paraît, les pêcheurs lui lancent des harpons : ce sont des espèces de dards, dont le fer ressemble au bout d'une flèche ; ils sont emmanchés d'un bâton long d'environ cinq pieds. A ce fer qui est percé dans l'emboîture, est attachée une corde très-fine entortillée autour du bâton qui se détache du fer, et qui, en flottant sur l'eau, indique l'endroit où est l'animal. Quand il a sur le corps une assez grande quantité de harpons, on le tire à terre, où l'on achève de le tuer à coups de hache.

Il y a une seconde manière de les prendre : ces animaux viennent quelquefois jusqu'assez près des maisons ; comme ils sont fort peureux, on tâche de les épouvanter en faisant du bruit, ou avec la voix, ou en tirant des coups de fusil. Le crocodile effrayé s'enfuit et se sauve au fond de l'eau. D'abord, la rivière est couverte de balons, qui attendent de le voir paraître pour respirer, car il ne saurait rester plus d'une demi-heure sans prendre haleine. A mesure qu'il sort, il paraît ouvrant une grande gueule ; alors on lui lance de toutes parts des harpons: s'il en reçoit quelqu'un dans la gueule, à quoi les Siamois sont fort adroits, il est pris.

Le manche du harpon qui flotte attaché à une corde, sert de signal; celui qui tient la corde connaît quand l'animal quitte le fond, il en avertit les pêcheurs qui ne manquent pas, dès qu'il reparaît, de lancer encore de nouveaux harpons, et lorsqu'il en a reçu suffisamment pour être amené à terre, on le tire et on le met en pièces. Cette seconde façon de pêcher est plus amusante que la première.

La chair du crocodile est blanchâtre, et ressemble assez à celle du chien marin. J'en ai goûté, elle n'est pas mauvaise. Le crocodile est affreux à voir; il s'en trouve dans la rivière qui ont depuis douze jusqu'à vingt pieds de longueur; ses mâchoires sont fort plates, il a de chaque côté deux grosses dents, une en haut et une en bas, qui sortent comme les défenses d'un sanglier, ce qui fait que quand il a mordu quelque chose, il n'est plus possible de le lui arracher.

Un jour que je revenais de la pêche au crocodile, je fus tout surpris en entrant chez moi d'y revoir les quatre jésuites qui étaient partis peu auparavant pour la Chine. Ces pères étaient dans un état à faire pitié. Ils avaient fait naufrage sur les côtes de Camboye et de Siam, et avaient souffert au delà de tout ce qu'on peut dire, s'étant trouvés dans la nécessité de passer par des pays presque inaccessibles qu'ils avaient traversés à pied. Je les embrassai avec bien de la joie, et je n'oubliai rien de tout ce qui dépendait de moi pour les dédommager des contre-temps qu'ils avaient eu à essuyer.

Comme j'avais sur le cœur tous les mauvais procédés de M. Constance, je leur montrai l'ordre que j'avais reçu au sujet du capitaine anglais, et la réponse du ministre à la lettre que je lui avais écrite après cette expédition. Quelque discrets qu'ils fussent, ils ne purent retenir leur indignation, et me parlant plus ouvertement que la première fois, ils me conseillèrent sans détour de me retirer le plus tôt que je pourrais.

Ils me représentèrent que le ministre qui avait pris ombrage de ma faveur, et qui ne souhaitait rien tant que ma perte, reviendrait si souvent à la charge, et prendrait à la fin ses mesures si à propos, que je ne lui échapperais plus; que, puisque le Seigneur m'avait conservé jusqu'alors, c'était à moi à ne heurter pas sa providence, mais au contraire à céder en m'éloignant d'un pays où ma vie était dans des périls continuels. Ces pères me dirent sur ce sujet tout ce qu'on peut imaginer de plus obligeant. Je les retins aussi longtemps que je pus, mais après deux jours ils voulurent retourner à Joudia, pour y attendre une nouvelle occasion de se rembarquer pour la Chine.

Quant à moi, ne voulant pas renvoyer mon départ plus loin, je résolus de profiter du retour d'un vaisseau de la compagnie d'Orient qui était venu mouiller à la Barre quelques jours auparavant. Ce bâtiment venait de Pondichéry [1] apporter des marchandises, et en prendre; c'est le commerce ordinaire que cette compagnie fait tous les ans d'Indes en Indes.

Après les emplois que j'avais remplis à Siam, et la manière obligeante dont le roi m'avait traité, il ne me convenait pas de partir en déserteur; j'écrivis donc à M. Constance pour le prier de me ménager mon congé auprès du roi : j'apportai pour raison que ma santé, qui s'affaiblissait tous les jours, ne me permettait pas de demeurer plus longtemps dans le royaume, et je m'offris d'aller moi-même à la cour demander la permission de me retirer, s'il jugeait que cette démarche pût me la faire obtenir. Il n'eut garde d'y consentir, et comme il ne craignait plus tant mon retour en France, il me répondit que l'intention du roi n'étant pas de me forcer, il m'était libre de me retirer où il me plairait.

Avant que de quitter Bancok, j'écrivis à un

---

1. Pondichéry ; les Français s'y étaient établis en 1612.

jeune mandarin de mes amis, nommé Prepi. Il
m'aimait beaucoup en reconnaissance du service
que je lui avais rendu en lui sauvant la bastonnade : car, quoiqu'il fût favori du roi, et que ce
prince l'aimât plus qu'aucun autre jeune homme
de la cour, il n'aurait pas évité ce châtiment si je
ne m'en étais mêlé. Je lui mandais qu'en prenant
congé de lui, sur le point de retourner en France, je
le priais de me conserver toujours quelque part dans
son amitié, de continuer à aimer les Français, les
missionnaires, les pères jésuites, et à protéger,
comme il avait toujours fait, les uns et les autres.

Prepi, touché de mon départ, en parla au roi,
qui, ignorant tout ce qui se passait, parut surpris
de cette nouvelle. Il demanda à son ministre les
raisons qui m'obligeaient à me retirer, et lui ordonna de me faire venir à la cour, pour apprendre par lui-même quels sujets de mécontentement
je pouvais avoir. Je fus informé de tout ce détail
par la réponse de Prepi. Sur cet ordre, Constance
se trouva fort embarrassé; il ne voulait pas absolument que je parusse à la cour : cependant l'ordre était précis. Pour se tirer d'intrigue, il ordonna à un officier portugais, qui était tout à sa
dévotion, de venir, sous prétexte de me faire
honneur, à bord du vaisseau français, et de me
mener ainsi à la cour de la part du roi.

Le piége était trop grossier pour m'y laisser

prendre; je n'ignorais pas que le roi de Siam ne se sert jamais, pour porter ses ordres, que des soldats de sa garde. M. de Métellopolis, M. Manuel et le facteur de la compagnie qui étaient présents lorsque le Portugais me parla, n'hésitèrent pas à me dire de m'en défier.

M. l'évêque surtout me tirant à part : « Gardez-vous bien, me dit-il, de vous mettre entre les mains de ces Portugais; je connais M. Constance, n'en doutez pas, ces gens-ci ont ordre de vous assassiner en chemin, après quoi le ministre en sera quitte pour les faire pendre, afin qu'ils ne puissent pas l'accuser. Il dira ensuite au roi qu'il les a fait mourir pour venger la mort du chevalier de Forbin; et ce prince qui ne voit que par les yeux de son ministre, prendra tout cela pour argent comptant. Croyez-moi, tirez-vous des mains d'un ennemi si artificieux et si méchant, puisque vous êtes assez heureux pour en avoir le moyen. »

Je le remerciai, comme je devais, de ses bons avis, et m'adressant à l'officier, je lui dis que je ne reconnaissais nullement l'ordre qu'il était venu me signifier, que Sa Majesté m'ayant permis de me retirer, il n'y avait aucune apparence qu'elle eût sitôt changé de résolution, ni qu'elle voulût me retenir plus longtemps dans ses États, malgré les bonnes raisons que j'avais eu l'honneur de lui alléguer; qu'il pouvait partir quand il jugerait à propos, et porter ma réponse à M. Constance.

Je ne parlai si haut, que parce que, n'ayant pas à demeurer longtemps à Siam, je n'avais plus rien à craindre de la haine du ministre. En effet, dès le lendemain nous mîmes à la voile. Je m'estimai si heureux de quitter ce maudit pays, que j'oubliai dans ce moment tout ce que j'avais eu à souffrir.

VI.

Retour en France.

En passant par le détroit de Malacca, les vents contraires nous obligèrent d'y mouiller. Nous descendîmes à terre, où nous trouvâmes des huîtres excellentes, que nous étions obligés de manger sur le rocher même, où elles sont attachées si fortement qu'il n'est pas possible de les en tirer.

Dans le séjour que nous fîmes sur ces côtes, j'entrai assez avant dans le pays, où, ayant trouvé des repaires de bêtes fauves, j'avançai encore quelques pas, pour voir s'il n'y aurait pas moyen de tirer à quelque pièce de gibier. Dans le temps que je regardais de côté et d'autre, je vis un singe monstrueux qui venait à moi; il s'avançait les yeux étincelants, et avec un air d'assurance, à me faire craindre, si je n'avais pas été armé.

J'allai à lui, et quand nous fûmes à dix pas l'un de l'autre, je lui tirai un coup de fusil qui l'étendit roide mort.

Cet animal était affreux, sa queue était longue comme celle d'un lion; il avait plus de deux pieds et demi de hauteur, huit pieds du bout de la queue à la tête, et sa face longue et grosse était semée de bourgeons, comme celle d'un ivrogne. Ceux du pays m'assurèrent que j'avais été bien heureux de le tuer, cet animal étant capable de m'étrangler si j'eusse manqué mon coup. J'allai chercher nos matelots pour l'emporter; ils avouèrent qu'ils n'avaient jamais vu de singe si gros dans toutes les Indes.

Du détroit de Malacca, nous passâmes par les îles de Nicobar, qui sont habitées par des peuples tout à fait sauvages ; ils vont entièrement nus, hommes et femmes, et ne vivent que de poisson et de quelques fruits qu'ils trouvent dans les bois; car leurs îles ne produisent ni riz, ni légume, ni d'autre sorte de grain dont ils puissent se nourrir. A trente lieues de ces îles, est celle d'Andaman, que nous aperçûmes de loin; ceux qui l'habitent sont anthropophages, et les plus cruels qu'il y ait dans toutes les Indes.

Nous arrivâmes enfin à Pondichéry. C'est un des plus célèbres comptoirs de la compagnie d'Orient : il y a un directeur général, et plusieurs commis; c'est un entrepôt où l'on transporte des Indes, des toiles de coton, des mousselines, et des indiennes de toutes les espèces. Les vaisseaux de cette compagnie viennent de France toutes les années pour acheter ces toiles, et les portent au Port-Louis.

M. Martin, pour lors directeur de ce comptoir, m'accueillit le plus gracieusement du monde, et ne cessa de me combler de politesse pendant tout le temps que je séjournai dans le pays. Il ne fut pas en mon pouvoir d'en partir aussitôt que je souhaitais; il me fallut attendre assez longtemps les vaisseaux d'Europe, qui, cette année, arrivèrent un peu plus tard que de coutume. Mon occupation ordinaire, pendant ce séjour, était la chasse. Il y a dans ce pays des espèces de renards qu'on nomme chiens marrons; j'en prenais presque tous les jours avec des lévriers que j'avais dressés, et qui furent d'abord faits à cette manière de chasser, qui est très-amusante.

Il m'y arriva une aventure où je faillis de périr. Le commis d'un vaisseau de la compagnie de France, arrivé depuis peu, me pria de le mener avec moi : après avoir chassé quelques heures, mes lévriers firent lever un de ces renards, qui se voyant pressé, se sauva dans un terrier. Pour l'obliger à en sortir, je me mis en devoir de l'enfumer : je ramassai de la paille de riz; j'en rem-

plis le trou, et j'y mis le feu. Comme j'étais
baissé pour souffler, il en sortit tout à coup un
animal, qui, s'élançant sur moi, me renversa en
me couvrant de paille, de feu et de fumée, me
passa sur le visage, et fut se jeter dans une rivière qui n'était qu'à deux pas. Tout cela se fit si
vite, que l'animal s'était plongé dans l'eau avant
que je fusse en état de me relever. Le commis me
dit qu'il ne doutait point que ce ne fût un crocodile, ou un caïman. Quoi qu'il en soit, j'eus
grand'peur, et je m'estimai bien heureux d'en être
quitte à si bon marché.

Les habitants de Pondichéry sont fort noirs
sans être Cafres; ils ont les traits du visage bien
faits, le regard doux, les yeux vifs et fort beaux.
Ils laissent croître leurs cheveux qui s'abattent
jusqu'à la ceinture. Leur nation est divisée par
castes, ou races. Les bramins, qui sont les prêtres
du pays, sont en plus grande vénération que tous
les autres; ensuite viennent les bergers. Ces peuples observent sur toute chose de ne s'allier qu'a-
vec leurs égaux; en sorte qu'un berger ne saurait
prétendre à l'alliance d'un bramin. Que s'il arrive
que quelqu'un d'une caste distinguée épouse une
femme qui soit d'un rang inférieur, il déchoit et
n'a d'autre rang que celui de la famille à laquelle
il s'est allié. Il n'en est pas de même des femmes,
qui, en se mésalliant, ne perdent rien de leur

condition. Parmi ces castes, la plus méprisable est celle des cordonniers, excepté celle qu'on appelle des parias, qu'on regarde avec horreur parce qu'ils ne font pas difficulté de se nourrir de la chair de toute sorte d'animaux.

Ces peuples, qui sont idolâtres, ont, à une lieue de Pondichéry, un fameux temple où ils se rendent toutes les années, à un certain jour marqué, pour y célébrer une fête à l'honneur de leurs principales divinités. On y accourt en foule de tous les environs; j'y allai par curiosité. Après mille cérémonies dont on me fit le récit, car je ne pus pas entrer dans le temple, ils sortirent le dieu et la déesse, à l'honneur desquels ils étaient assemblés. Ces idoles sont de figure gigantesque et fort bien dorées; ils les mirent sur un char à quatre roues, et les placèrent en face l'une de l'autre. La déesse sur le devant du char paraissait dans une posture lascive, et l'attitude du dieu n'était guère plus honnête.

Ce char était tiré avec des cordes par deux ou trois cents hommes. Tout le reste du peuple, qui était innombrable, se jetait ventre à terre et poussait des cris de joie dont toute la campagne retentissait. Il y en avait d'assez simples pour se jeter sous les roues du char, s'estimant heureux d'être écrasés en témoignage du respect qu'ils avaient pour leur dieu.

Cette cérémonie étant faite, je vis des hommes et des femmes qui se roulaient à terre, et continuaient cet exercice en tournant tout autour du temple; je demandai pour quel sujet ils se meurtrissaient ainsi tout le corps, car ils étaient nus, à la réserve d'un linge dont ils étaient couverts depuis la ceinture jusqu'à demi-cuisse; on me répondit que n'ayant point d'enfants, ils espéraient par cette sorte de pénitence, de fléchir leurs dieux, qui ne manqueraient pas de leur en donner. C'est là tout ce que je rapporterai de cette fête, n'ayant pu entrer, comme j'ai dit, dans le temple, où les seuls idolâtres sont admis.

J'y retournai pourtant deux jours après, car j'étais curieux de le voir; je me présentai à la porte avec sept autres Français, qui souhaitaient aussi d'y entrer. Le chef des bramins nous en refusa l'entrée, sous prétexte qu'il ne lui était pas permis de le profaner en y introduisant des chrétiens. Sur ce refus, sans me mettre en peine de lui répondre, je m'approchai de lui, je lui arrachai un poignard qu'il avait à la ceinture, et je lui en présentai la pointe en le menaçant de le tuer : il ne lui fallut pas dire de fuir. Alors nous entrâmes; nous ne trouvâmes dans cet édifice, qui était fort vaste, qu'un grand nombre d'idoles de différentes grandeurs, et toutes en posture déshonnête.

Tandis que nous nous amusions à les regarder, le bramin offensé de l'affront qu'il avait reçu, alla crier l'alarme aux environs, et vint à nous à la tête de plus de trois cents hommes : mais ce peuple, qui est absolument sans courage, fut si effrayé en nous voyant avec des armes à feu, qu'il n'y en eut pas un seul qui eût la hardiesse d'approcher.

A peu près dans ce temps-là, un vaisseau de la compagnie des Indes étant prêt à faire voile pour Massulipatan, ville fameuse par son commerce, et les vaisseaux de France ne devant point encore arriver, je résolus de m'embarquer dans le dessein de passer de cette ville jusqu'à celle de Golconde, qui n'en est éloignée que de trente lieues. Le grand Mogol assiégeait pour lors cette place ; j'étais bien aise de voir comment ces peuples font la guerre, et la manière dont ils s'y prennent pour former des siéges et des attaques ; mais il ne fut pas à mon pouvoir d'exécuter ce projet, comme on verra par ce que je vais dire.

Lorsque nous partîmes, nous étions dans la saison du vent d'ouest, c'est-à-dire dans la saison la plus favorable de l'année ; la route se fit fort heureusement et en peu de jours. Nous n'étions plus qu'à huit lieues de Massulipatan, lorsque nous vîmes venir du côté de terre un nuage noir et épais, que nous crûmes tous être un orage. Nous serrâmes d'abord toutes les voiles, crainte d'accident. Le nuage arriva enfin à bord avec très-peu de vent, mais suivi d'une prodigieuse quantité de grosses mouches semblables à celles qu'on voit en France, qui mettent des vers à la viande; elles avaient toutes le cul violet. L'équipage fut si incommodé de ces insectes, qu'il n'y eut personne qui ne fût obligé de se cacher pour quelques moments. La mer en était toute couverte, et nous en eûmes une si grande quantité dans le vaisseau, que pour le nettoyer, il fallut jeter plus de cinq cents boyaux d'eau.

Environ à quatre lieues de la ville, nous aperçûmes comme un brouillard qui la couvrait tout entière. A mesure que nous avancions, ce brouillard s'étendait, et peu après nous ne vîmes plus que la pointe des montagnes qui servaient à guider les pilotes. En approchant de terre, nous vîmes que ce nuage n'était autre chose qu'une multitude innombrable de mouches toutes différentes des premières. Celles-ci avaient quatre ailes et ressemblaient à celles qu'on voit le long des eaux, et qui ont la queue barrée de jaune et de noir.

Plus nous avancions, et plus ces insectes se multipliaient; il y en avait une si grande quantité, que nous empêchant de voir la terre, nous fûmes obligés d'en approcher en sondant. Quand nous fûmes avancés à un certain nombre de brasses, le pilote fit démouiller l'ancre. Un commis de la compagnie, nommé le sieur Delande, qui avait ordre de visiter le comptoir, s'embarqua dans la chaloupe; nous le suivîmes, le capitaine et moi. La quantité de ces mouches était si grande, que nous fûmes obligés d'embarquer une boussole pour ne pas manquer la terre qu'elles nous cachaient entièrement; nous abordâmes enfin.

Ne trouvant personne dans le port, ceux du vaisseau qui connaissaient la ville nous servirent de guides, et nous menèrent à la douane. Personne ne parut dans le bureau, qui était tout ouvert; nous entrâmes pourtant, et nous en parcourûmes toutes les pièces, sans trouver qui que ce soit. Surpris de cette nouveauté, nous marchâmes du côté où était le comptoir de la compagnie d'Orient, nous traversâmes plusieurs rues sans voir personne. Cette solitude, qui régnait par toute la ville, jointe à une puanteur insupportable, nous fit bientôt comprendre de quoi il était question.

Après avoir beaucoup marché, nous arrivâmes devant la maison de la compagnie. Les portes en étaient ouvertes, nous y trouvâmes le directeur, mort apparemment depuis peu, car il était encore tout entier. La maison avait été pillée, et tout y paraissait en désordre. Frappé d'un spectacle si affreux, je revins dans la rue, et m'adressant au sieur Delande : « Retournons à bord, lui dis-je, il n'y a rien de bon à gagner ici. » Il me répondit que sa commission l'obligeait d'aller plus avant; qu'ayant à rendre compte de son voyage, il ne pouvait retourner à bord sans avoir au moins parlé à quelqu'un qui pût l'instruire plus précisément des causes de tout ce désordre.

Nous continuâmes donc à marcher, et nous nous rendîmes au comptoir des Anglais; nous le trouvâmes fermé; nous eûmes beau frapper, personne ne répondit. De là nous passâmes à celui des Hollandais : de quatre-vingts personnes qui le composaient, il n'en restait plus que quatorze; c'étaient plutôt des spectres que des hommes. Ils nous dirent que la peste avait mis la ville dans l'état où nous l'avions trouvée; que la plupart des habitants étaient morts, et que le reste s'était retiré dans les campagnes; qu'ils ne pouvaient nous donner aucun éclaircissement sur la maison des Français, dont ils n'avaient appris aucune nouvelle; que les Anglais avaient abandonné la leur, après avoir perdu la meilleure partie de leurs gens, et que pour eux, ayant des trésors immenses dans leur maison, il leur était défendu, sous peine de la vie, d'en sortir, sans quoi ils ne seraient pas restés.

Dans la situation où était cette malheureuse ville, il n'y avait pas apparence d'y trouver un bâtiment pour me conduire à Golconde. Il fallut se passer d'en voir le siége; nous retournâmes à bord annoncer ce que nous avions vu et ce qu'on nous avait dit. Sur-le-champ nous remîmes à la voile, et sans faire un plus long séjour, nous fîmes route pour le port de Mergui, qui appartient au roi de Siam. Ce ne fut qu'avec peine que je me résolus de retourner dans un pays d'où il ne m'avait pas été facile de me tirer. Mais comme ce port est éloigné de la cour de plus de cent lieues, et que d'ailleurs j'étais dans un vaisseau français, je crus que j'y serais en sûreté contre la mauvaise volonté de M. Constance.

Le troisième jour du départ de Massulipatan, quelques matelots de la chaloupe, qui étaient descendus à terre, tombèrent malades. La cause de leur maladie ne pouvait être incertaine. Le chirurgien, leur trouvant la fièvre, les saigna. Le lendemain, je fus moi-même attaqué de la fièvre; je refusai de me laisser saigner. Tous les autres matelots, qui étaient venus dans la chaloupe, tombèrent aussi malades; ils furent saignés comme les premiers, et les uns et les autres moururent peu de jours après.

Cependant ma fièvre continuait; elle était accompagnée d'une sueur si abondante, et qui dans peu me mit si bas, que je pouvais à peine parler. La violence du mal m'avait affaibli la vue, au point de ne pouvoir plus distinguer les objets qu'imparfaitement. Pour comble de malheur, les provisions commençaient à manquer, et il n'y avait plus dans le vaisseau de quoi faire du bouillon; car nous n'avions pu prendre que très-peu de vivres à Pondichéry, où la disette, qui était fort grande, réduisait la ville à une espèce de famine.

Je ne me trouvai jamais dans une plus fâcheuse conjoncture. Ne sachant à quoi me déterminer, je m'avisai de dire à un petit esclave siamois, qui n'avait jamais voulu me quitter, de m'apporter un peu de vin de Perse, dont j'avais bonne provision; j'en bus environ un demi-verre, et je m'endormis profondément. Quelques heures après, je m'éveillai tout en sueur; il me parut que ma vue s'était un peu fortifiée. Je revins à mon remède, dont je doublai la dose; je me rendormis une seconde fois, et je me réveillai encore trempé de sueur, mais beaucoup plus fortifié. Comme le remède opérait, j'en pris pour la troisième fois, y ajoutant un morceau de biscuit, que je mangeai après l'avoir trempé dans le vin. Je continuai de même pendant quelques jours, après lesquels ma fièvre continue se changea en tierce.

M. Delande et le capitaine, qui furent attaqués du même mal, profitant de mon exemple, refusèrent la saignée et ne voulurent d'autre remède que le mien : leur mal diminua peu à peu, et ils échappèrent comme moi. Enfin nous arrivâmes à Mergui, où, à l'aide des rafraîchissements, dont nous ne manquâmes plus, nous fûmes sur pied en peu de jours. De dix-sept que nous étions embarqués dans la chaloupe et qui descendîmes à terre, quatorze, qui avaient été saignés, moururent, sans qu'il en échappât un seul. Selon toutes les apparences, M. Delande, le capitaine et moi, nous ne nous en tirâmes que pour n'avoir pas voulu de la saignée : tant il est vrai qu'elle est mortelle dans ces sortes de fièvres pestilentielles.

Peu de jours après notre arrivée à Mergui, M. Céberet y arriva suivi d'un grand cortége de mandarins; il revenait de Louvo. La Loubère et lui y avaient été envoyés de France pour traiter du commerce et pour régler toutes choses avec Constance; car la négociation dont le père Tachard s'était chargé avait réussi. Ce père, trompé par Constance, comme nous avons déjà dit, et comptant de bonne foi de servir et la religion et l'État, n'avait rien oublié pour porter la cour à entrer dans les vues, et à profiter de la bonne volonté du ministre de Siam, et, sur la parole de ce jésuite, la cour avait donné dans ce projet d'alliance, et avait envoyé des troupes commandées par le chevalier Desfarges, à qui on avait remis la forteresse de Bancok, suivant ce qui avait été convenu.

Le mandarin qui avait été envoyé ambassadeur en France, était du nombre de ceux qui accompagnaient M. Céberet ; dès qu'il m'aperçut, il courut à moi, tout plein de la magnificence du royaume ; il me dit que j'avais grand sujet de vouloir retourner dans mon pays ; qu'il y avait vu toute ma famille et un grand nombre de mes amis, avec qui il avait souvent parlé de moi, et ensuite, me faisant de grands éloges de la cour et de tout ce qui l'avait le plus frappé, il ajouta en mauvais français : *La France grand bon, Siam petit bon.*

M. Céberet, qui s'était rendu par terre de Louvo à Mergui, renvoya tous les mandarins, après avoir fait à chacun des présents considérables. Il s'embarqua ensuite avec nous sur le vaisseau de la compagnie, et nous fîmes route pour Pondichéry. Sur ce que nous lui demandâmes des nouvelles de sa négociation avec M. Constance, il déclara publiquement qu'il n'était point satisfait de lui, et que ce ministre avait trompé la cour, à qui il avait promis des choses frivoles, et qui n'avaient pas la moindre apparence de réalité.

Nous fûmes pendant toute la route, M. Céberet et moi, dans une grande liaison ; nos entretiens ordinaires roulaient sur le royaume de Siam et sur les manières de ces peuples. Il était si frappé de les avoir vus si pauvres, et de la misère du royaume, qu'il ne comprenait pas comment on

avait eu la hardiesse d'en faire des relations si
magnifiques.

« Ce que vous en avez vu, lui dis-je un jour,
est pourtant ce qu'il y a de plus beau. Tout ce
royaume, qui est fort grand, n'est guère qu'un
vaste désert. A mesure qu'on avance dans les terres, on n'y trouve plus que des forêts et des bêtes
sauvages. Tout le peuple habite sur le bord de la
rivière; il s'y tient préférablement à tout autre
endroit, parce que les terres, qui y sont inondées
six mois de l'an, y produisent presque sans cul-
ture, une grande quantité de riz, qui ne peut venir et multiplier que dans l'eau. Ce riz fait toute
la richesse du pays. Ainsi, en remontant depuis la
Barre jusqu'à Louvo, vous avez vu, et par rapport aux peuples, et par rapport à leurs villes, et
par rapport aux denrées qu'ils recueillent, tout
ce qui peut mériter quelque attention dans ce
royaume. »

Une autre fois, comme nous parlions encore de
ce pays, il témoigna souhaiter quelques éclaircis-
sements sur la manière dont le roi se gouverne
dans son palais. « Pour cet article, lui répondis-
je, il n'est pas aisé de vous satisfaire. Ceux du
dehors, quelque distingués qu'ils puissent être,
n'entrent jamais dans cette partie du palais que le
roi habite, et ceux qui y sont, une fois entrés,
n'en sortent plus. Tout ce qu'on en sait de plus

particulier, c'est que tout s'y traite dans un grand
secret. Non-seulement chacun y a son emploi
marqué, mais encore chacun a son quartier séparé, hors duquel il ne lui est jamais permis de
sortir. Ceux qui servent dans les chambres qui
sont les plus près de la porte, ne savent et ne
connaissent du palais que ce qui se passe en cet
endroit. Les chambres attenantes ont de nouveaux
officiers qui ne sont pas plus instruits que les premiers, et ainsi successivement jusqu'à l'apparte-
ment du roi, qui passe presque toute sa vie en-
fermé, faisant consister une partie principale de
sa grandeur à ne se montrer que très-rarement.
Quand il.a à parler à ses ministres, à ceux même
qui sont le plus en faveur, il se montre par une
fenêtre élevée de terre à peu près de la hauteur
d'une toise, d'où il les entend, et disparaît après
leur avoir brièvement expliqué ses volontés. »

M. Céberet m'ayant encore questionné au sujet
de M. Constance, je lui dis tout ce que j'en savais, et quoiqu'il fût entré de lui-même assez
avant dans les vues de ce ministre, dont il commençait à démêler la politique, je lui fis apercevoir bien des choses qui lui étaient échappées, et
de la vérité desquelles il ne douta plus, dès qu'il
fut en état de joindre ce que je lui disais avec ce
qu'il avait déjà reconnu.

Cependant nous approchions de la ville de Madraspatan, célèbre par son commerce. Il n'y avait pas apparence de revenir des Indes en Europe sans en rapporter quelques étoffes et autres raretés du pays. Dans la résolution où j'étais d'y employer quelque argent, je priai le capitaine du vaisseau de me mettre à terre. Les Anglais sont les maîtres de cette place ; le directeur général de leur compagnie, ennemi juré de Constance, m'ayant su logé chez les capucins français, voulut à toute force m'emmener chez lui ; il emmena aussi le supérieur de ces bons religieux, à qui il fit honnêteté à mon occasion. Ces pères sont établis dans le faubourg, et administrent les sacrements à des Portugais ou métis qui sont catholiques romains.

Il me donna un fort grand dîner, pendant lequel on tira bon nombre de coups de canon. Nous bûmes les santés des rois d'Angleterre, de France, et des deux familles royales, les canons tirant à boulets. Constance ne fut pas épargné pendant le repas. Le directeur disait tout haut qu'il le ferait pendre s'il pouvait jamais l'attraper. Cependant nous buvions toujours, et nous continuâmes de telle sorte, que nous nous enivrâmes tous, le capucin comme les autres, quoiqu'il y eût moins de sa faute, ayant été engagé à boire presque malgré qu'il en eût.

Quand j'eus fait mes emplettes, le directeur me

donna un petit bâtiment pour me conduire à Pondichéry, qui n'est éloigné de Madraspatan que de
vingt lieues. En arrivant, j'y trouvai un vaisseau
du roi qui venait prendre M. Céberet; ce bâtiment
était commandé par M. Duquesne-Guitton, qui me
remit un magnifique fusil, et une paire de pisto-
lets d'un ouvrage merveilleux. C'était un présent
que Bontemps m'envoyait comme une marque de
son amitié, et pour me remercier de quelques
pièces assez curieuses que je lui avais envoyées
par le retour des ambassadeurs.

Après que M. Céberet eut fini toutes ses affaires
à Pondichéry, nous nous embarquâmes et nous
fîmes route pour la France. Pendant le voyage,
la conversation roula encore souvent entre lui et
moi sur le royaume de Siam ; il me parla de la
jalousie de M. Constance et des dangers auxquels
il m'avait souvent exposé ; et quoique nos Français, qu'il avait vus à Joudia et à Louvo, l'eussent
instruit, et de mon aventure des Macassars et de
celle du capitaine anglais, il souhaita encore que
je lui en fisse le récit.

Après une navigation fort heureuse, nous
mouillâmes au cap de Bonne-Espérance, où nous
fîmes quelques rafraîchissements. Nous mouillâmes encore à l'île Sainte-Hélène qui appartient aux Anglais, et peu après à l'île de l'Ascen-
sion, où nous pêchâmes quantité de tortues et

autres poissons. Enfin nous arrivâmes heureusement au port de Brest, où nous débarquâmes sur la fin de juillet de l'année 1688, environ trois ans et demi après en être parti avec M. de Chaumont.

Ayant débarqué tout ce que j'avais acheté de marchandises à Madraspatan, j'en fis porter les ballots chez le messager qui part toutes les semaines pour Paris. Avant que de me dessaisir de tous ces effets, j'eus la précaution de lui déclarer, et de faire spécifier sur son livre la quantité et la qualité des marchandises, qui consistaient en des paravents, cabinets de la Chine, thé, porcelaines, plusieurs pièces d'indienne de toutes sortes, et une quantité assez considérable d'étoffes d'or et d'argent. Je le chargeai de tout ; après quoi je pris la poste pour Paris, où je fus me présenter à M. de Seignelai, ministre de la marine. Il me reçut fort bien et me présenta lui-même au roi, qui donna ordre de me compter tous mes appointements depuis mon départ jusqu'à ce jour-là.

Ce fut à l'amitié de Bontemps que je dus une réception si favorable, car M. de Seignelai ayant trouvé fort mauvais que j'eusse déféré aux ordres de M. de Chaumont, et que je ne fusse pas revenu en France, m'avait fait effacer de dessus l'état. Bontemps, qui en fut informé, en parla de lui-même au roi, qui ordonna au ministre de ne rien innover sur mon sujet, et de m'avancer même, dans l'occasion, préférablement à plusieurs autres.

Charmé de la manière dont j'avais été accueilli, je fus me présenter au dîner du roi ; Sa Majesté me fit l'honneur de me questionner beaucoup sur le royaume de Siam ; elle me demanda d'abord si le pays était riche : « Sire, lui répondis-je, le royaume de Siam ne produit rien et ne consomme rien. — C'est beaucoup dire, en peu de mots, » répliqua le roi, et continuant à m'interroger, il me demanda quel en était le gouvernement, comment le peuple vivait, et d'où le roi tirait tous les présents qu'il lui avait envoyés. Je lui répondis que le peuple était fort pauvre ; qu'il n'y avait parmi eux ni noblesse, ni condition, naissant tous esclaves du roi, pour lequel ils sont obligés de travailler une partie de l'année, à moins qu'il ne lui plaise de les en dispenser, en les élevant à la dignité de mandarin ; que cette dignité, qui les tire de la poussière, ne les met pas à couvert de la disgrâce du prince, dans laquelle ils tombent fort facilement, et qui est toujours suivie de châtiments rigoureux ; que le barkalon lui-même, qui est le premier ministre et qui remplit la première dignité de l'État, y est aussi exposé que les autres ; qu'il ne se soutient dans un poste si périlleux, qu'en rampant devant son maître, comme le dernier du peuple ; que s'il lui arrive de tomber en disgrâce, le traitement le plus doux qu'il puisse attendre, c'est d'être renvoyé à la charrue après avoir été très-sévèrement châtié ; que le peuple ne se nourrit que de quelques fruits et de riz qui est très-abondant chez eux ; que croyant tous à la métempsycose, personne n'oserait manger rien de ce qui a eu vie, de crainte de manger son père ou quelqu'un de ses parents ; que pour ce qui regardait les présents que le roi de Siam avait envoyés à Sa Majesté, M. Constance avait épuisé l'épargne et avait fait des dépenses qu'il ne lui serait pas aisé de réparer ; que le royaume de Siam, qui forme presque une péninsule, pouvait être un entrepôt fort commode pour faciliter le commerce des Indes, étant frontière de deux mers, l'une du côté de l'est qui regarde la Chine, le Japon, le Tonquin, la Cochinchine, le pays de Lahore et Camboye ; et l'autre du côté de l'ouest faisant face au royaume d'Aracan, au Gange, aux côtes de Coromandel, de Malabar, et à la ville de Surate ; que les marchandises de ces différentes nations étaient transportées toutes les années à Siam, qui est le rendez-vous, et comme une espèce de foire, où les Siamois font quelque profit en débitant leurs denrées ; que le principal revenu du roi consistait dans le commerce qu'il fait presque tout entier dans ce royaume, où l'on ne trouve que du riz, de l'arec, dont on compose le bétel, un peu d'étain, quelques éléphants qu'on vend, et quelques peaux de bêtes fauves dont le pays est rempli ; que les Siamois allant presque tout nus, à la réserve d'une toile de coton qu'ils portent depuis la ceinture jusques à demi-cuisse, ils n'ont chez eux aucune sorte de manufacture, si ce n'est de quelques mousselines dont les mandarins seulement ont droit de se faire comme une espèce de chemisette qu'ils mettent dans les jours de cérémonies ; que lorsqu'un mandarin a eu l'adresse de ramasser quelque petite somme d'argent, il n'a rien de mieux à faire que de la tenir cachée, sans quoi le prince la lui ferait enlever ; que personne ne possède dans tout le royaume aucuns biens-fonds, qui de droit appartiennent tous au roi, ce qui fait que la plus grande partie du pays demeure en friche, personne ne voulant se donner la peine de cultiver des terres qu'on leur enlèverait dès qu'elles seraient en bon état ; qu'enfin le peuple y est si sobre, qu'un particulier qui peut gagner quinze ou vingt francs par an a au delà de tout ce qui lui est nécessaire pour son entretien.

Le roi me demanda encore quelle sorte de monnaie avait cours dans le pays. « Leur monnaie, lui répondis-je, est un morceau d'argent, rond comme une balle de fusil, marqué de deux lettres siamoises, qui sont le coin du prince : cette balle, qui s'appelle tical, vaut quarante sous de France. Outre le tical, il y a encore le demi-tical, et une autre sorte de monnaie d'argent qu'on appelle faon, de la valeur de cinq sous. Pour la petite monnaie, ils se servent de coquilles de mer, qui viennent des îles Maldives, et dont les six-vingts font cinq sous.

— Parlons un peu de la religion, me dit le roi : y a-t-il beaucoup de chrétiens dans le royaume de Siam, et le roi songe-t-il véritablement à se faire chrétien lui-même?—Sire, lui répondis-je, ce prince n'y a jamais pensé, et nul mortel ne serait assez hardi pour lui en faire la proposition. Il est vrai que dans la harangue que M. de Chaumont lui fit le jour de sa première audience, il fit mention de religion ; mais M. Constance, qui faisait l'office d'interprète, omit habilement cet article ; le vicaire apostolique qui était présent, et qui entend parfaitement le siamois, le remarqua fort bien ; mais il n'osa jamais en rien dire, crainte de s'attirer sur les bras M. Constance, qui ne lui aurait pas pardonné s'il en avait ouvert la bouche.»

Le roi, surpris de ce discours, m'écoutait fort attentivement ; j'ajoutai que dans les audiences particulières que M. de Chaumont eut dans le cours de son ambassade, il s'épuisait toujours à parler de la religion chrétienne, et que Constance qui était toujours l'interprète, jouait en homme

d'esprit deux personnages, en disant au roi de
Siam ce qui le flattait, et en répondant à M. de
Chaumont ce qui était convenable, sans que de la
part du roi, et de celle de M. l'ambassadeur, il y
eût rien de conclu que ce qu'il plaisait à Constance de faire entendre à l'un et à l'autre ; que je
tenais encore ce fait de M. le vicaire apostolique
lui-même, qui avait été présent à tous leurs entretiens particuliers, et qui s'en était ouvert à moi
dans un grand secret. Sur cela le roi se prenant à
sourire, dit que les princes étaient bien malheureux d'être obligés de s'en rapporter à des interprètes qui souvent ne sont pas fidèles.

Enfin le roi me demanda si les missionnaires
faisaient beaucoup de fruit à Siam, et en particulier s'ils avaient déjà converti beaucoup de Siamois. « Pas un seul, Sire, lui répondis-je ; mais
comme la plus grande partie des peuples qui
habitent ce royaume n'est qu'un amas de différentes nations, et qu'il y a parmi les Siamois un
grand nombre de Portugais, de Cochinchinois, de
Japonais, qui sont chrétiens, ces bons missionnaires en prennent soin et leur administrent les
sacrements. Ils vont d'un village à l'autre, et s'in-
troduisent dans les maisons, sous prétexte de la
médecine qu'ils exercent et des petits remèdes
qu'ils distribuent ; mais avec tout cela leur indus-
trie n'a encore rien produit en faveur de la reli-

gion. Le plus grand bien qu'ils fassent est de baptiser les enfants des Siamois qu'ils trouvent exposés dans les campagnes ; car ces peuples, qui sont fort pauvres, n'élèvent que peu de leurs enfants, et exposent tout le reste, ce qui n'est pas un crime chez eux. C'est au baptême de ces enfants que se réduit tout le fruit que les missions produisent dans ce pays. »

Au sortir du dîner du roi, M. de Seignelai me fit passer dans son cabinet, où il m'interrogea fort au long sur tout ce qui pouvait regarder l'intérêt du roi ; et en particulier il s'informa si l'on pouvait établir un gros commerce à Siam, quelles vues pouvait avoir M. Constance en témoignant tant d'empressement pour y appeler les Français. Je le satisfis sur ce dernier article en lui apprenant dans un long détail tout ce que je savais des vues et des desseins du ministre de Siam.

Pour l'article du commerce, je lui répondis, comme j'avais fait au roi, que le royaume ne produisant rien, il ne pouvait être regardé que comme un entrepôt à faciliter le commerce de la Chine, du Japon et des autres royaumes des Indes ; que cela supposé, l'établissement qu'on avait commencé en y envoyant des troupes, était absolument inutile, celui que la compagnie y avait déjà étant plus que suffisant pour cet effet.

Qu'à l'égard de la forteresse de Bancok, elle

demeurerait entre les mains des Français tandis
que le roi de Siam et M. Constance vivraient ;
mais que l'un des deux venant à manquer, les
Siamois sollicités, et par leur propre intérêt, et
par les ennemis de la France, ne manqueraient
pas de chasser nos troupes d'une place qui les
rendait maîtres du royaume.

Deux jours après, le cardinal de Janson me dit
d'aller trouver le père de Lachaise qui souhaitait
de m'entretenir sur le nouvel établissement des
Français dans le royaume de Siam. « Mon cousin,
me dit le cardinal, prenez bien garde à ce que
vous direz, car vous allez parler à l'homme le
plus fin du royaume. — Je ne m'en embarrasse
pas, lui répondis-je, je n'ai que des vérités à
dire. » Dès le jour même je fus introduit par un
escalier dérobé, et présenté à sa révérence par le
frère Vatblé.

Ce révérend père ne me parla presque que de
religion et du dessein que le roi de Siam avait de
retenir des jésuites dans ses États, en leur bâtis-
sant à Louvo un collège et un observatoire. Je lui
dis que M. Constance, qui voulait avoir à toute
force la protection du roi, promettait au delà de
ce qu'il pouvait tenir; que l'observatoire et le collège se bâtiraient peut-être pendant la vie du roi
de Siam; que les jésuites y seraient nourris et en-
tretenus; mais que ce prince venant à mourir, on

pouvait se préparer en France à chercher des
fonds pour l'entretien des missionnaires, y ayant
peu d'apparence qu'un nouveau roi voulût y contribuer.

Quand le père de Lachaise m'eut entendu parler ainsi : « Vous n'êtes pas d'accord avec le père
Tachard, » me dit-il. Je lui dis que je ne disais que
la pure vérité, que j'ignorais ce que le père Tachard avait dit, et les motifs qui l'avaient fait parler, mais que son amitié pour M. Constance, qui,
pour arriver à ses fins, n'avait rien oublié pour
le séduire, pouvait bien l'avoir aveuglé, et ensuite le rendre suspect : que pendant le peu de
temps qu'il avait resté à Siam avec M. de Chaumont, il avait su s'attirer toute la confiance du
ministre, à qui il avait même servi de secrétaire
français dans certaines occasions, et que j'avais
vu moi-même des brevets écrits de la main de ce
père, et signés : par Monseigneur, et plus bas, Tachard. A ce mot, ce révérend père sourit, et re-
prenant dans un moment son maintien grave et
modeste qu'il ne quittait que bien rarement, il
s'informa si les missionnaires faisaient beaucoup
de fruit dans ce royaume.

Je lui répondis ce que j'en avais dit au roi,
ajoutant que ce qui retardait le plus le progrès de
l'Évangile, était le genre de vie dur et austère
des talapoins. « Ces prêtres ou moines du pays,

lui dis-je, vivent dans une abstinence continuelle,
ils ne se nourrissent que des charités journalières
qu'on leur fait. Ils distribuent aux pauvres ce
qu'ils ont au delà de leur nécessaire, et ne réser-
vent rien pour le lendemain; ils ne sortent jamais
de leur monastère que pour demander l'aumône,
encore la demandent-ils sans parler. Ils se con-
tentent de présenter leur panier, qui, à la vérité,
est bientôt rempli, car les Siamois sont fort cha-
ritables.

« Lorsque les talapoins vont par la ville, ils
portent à la main un éventail qu'ils tiennent devant le visage pour s'empêcher de voir les femmes. Ils vivent dans une continence très-exacte,
et ils ne s'en dispensent que quand ils veulent
quitter la règle pour se marier. Les Siamois n'ont
ni prières publiques, ni sacrifices. Les talapoins
les assemblent quelquefois dans les pagodes, où
ils leur prêchent. La matière ordinaire de leur
sermon est la charité; cette vertu est en très-
grande recommandation dans tout le royaume, où
l'on ne voit presque point de pauvres réduits à
mendier leur pain.

« Les femmes y sont naturellement fort chastes;
les Siamois ne sont point méchants et les enfants
y sont si soumis à leurs pères, qu'ils se laissent
vendre sans murmurer, lorsque leurs parents y
sont forcés pour se secourir dans leurs besoins.

Cela étant, il ne faut pas espérer de convertir aucun Siamois à la religion chrétienne ; car, outre qu'ils sont trop grossiers pour qu'on puisse leur donner facilement l'intelligence de nos mystères, et qu'ils trouvent leur morale plus parfaite que la nôtre, ils n'estiment pas assez nos missionnaires qui vivent d'une manière moins austère que les talapoins.

« Quand nos prêtres veulent prêcher à Siam les vérités chrétiennes, ces peuples qui sont simples et dociles, les écoutent comme si on leur racontait des fables ou des contes d'enfant. Leur complaisance fait qu'ils approuvent toutes sortes de religions. Selon eux le paradis est un grand palais où le maître souverain habite. Ce palais a plusieurs portes par où toutes sortes de gens peuvent entrer pour servir le maître selon l'usage qu'il veut en faire. C'est à peu près, disent-ils, comme le palais du roi qui a plusieurs entrées, et où chaque mandarin a ses fonctions particulières. Il en est de même du ciel, qui est le palais du Tout-Puissant, toutes les religions sont autant de portes qui y conduisent, puisque toutes les croyances des hommes quelles qu'elles soient, tendent toutes à honorer le premier être, et se rapportent à lui, quoique d'une manière plus ou moins directe.

« Les talapoins ne disputent jamais de religion

avec personne. Quand on leur parle de la religion
chrétienne ou de quelque autre, ils approuvent
tout ce qu'on leur en dit; mais quand on veut
condamner la leur, ils· répondent froidement :
Puisque j'ai eu la complaisance d'approuver votre
religion, pourquoi ne voulez-vous pas approuver
la mienne? Quant aux pénitences extérieures et à
la mortification des passions, il ne serait pas convenable de leur en parler, puisqu'ils nous en donnent l'exemple et qu'ils surpassent de beaucoup,
au moins extérieurement, nos religieux les plus
réformés.

« Au reste, mon père, continuai-je, les jésuites
ne manquent pas d'ennemis dans ces missions.
Vos missionnaires, qui ont des talents supérieurs
aux autres, viennent facilement à bout de s'attirer
la faveur des princes, dont ils se servent pour
soutenir la religion; de là il est difficile que la jalousie n'excite bien des cabales contre eux, non-
seulement en Europe, mais encore dans les
Indes.

« Pendant mon séjour à Siam, plusieurs Chinois qui ont de l'esprit et du savoir, m'ont avoué
qu'ils ne comprenaient pas comment des gens
d'une même croyance qui avaient quitté leur patrie, et traversé des mers immenses, prétendaient
attirer des gentils à eux, tandis qu'eux-mêmes
n'étaient pas d'accord dans leur conduite; les uns

vivant avec beaucoup de modestie et de charité,
et les autres se livrant à la haine et aux dissen-
sions, pour ne rien dire de plus. C'est là le lan-
gage que m'ont tenu tous les Chinois à qui j'ai
parlé. Cette vérité est si constante et si publique
dans les Indes, que non-seulement je crois devoir
vous en informer, mais encore la publier toutes
les fois que j'en aurai occasion. »

J'étais à Paris depuis quelques jours, lorsque, ne
voyant pas arriver le messager de Brest, je commençai d'être inquiet sur les ballots que je lui
avais confiés. Pour m'en éclaircir, j'allai au bureau, j'y appris justement ce que j'avais appré-
hendé. Les commis de la douane de Pontorson y
avaient arrêté tous mes effets, et non contents de
la confiscation, qu'ils prétendaient avoir lieu,
parce que j'avais dans mes ballots des indiennes
dont l'entrée était pour lors défendue dans le
royaume, ils m'avaient condamné à une amende
de cinq cents livres, comme ayant contrevenu aux
ordonnances du roi.

Je crus dans cet embarras n'avoir rien de
mieux à faire que de recourir à M. Céberet, que
je savais être fort connu des fermiers généraux.
Après l'avoir instruit du contre-temps qui m'arrivait, je lui représentai qu'ayant ignoré les défenses du roi, je ne devais pas être puni pour les
avoir violées; que la bonne foi qui paraissait dans

toute ma conduite mé justifiait assez, puisque j'avais déclaré moi-même au messager la qualité des marchandises en faisant une expresse mention des indiennes, ce que je n'aurais pas fait si je les avais crues défendues. Céberet me rassura le plus qu'il lui fut possible, il me dit qu'il connaissait les fermiers, qu'ils étaient fort honnêtes gens, que je pouvais les aller trouver moi-même quand ils seraient assemblés dans leur grand bureau, et qu'il était persuadé qu'ils me donneraient satisfaction.

Je profitai de l'avis qu'il me donnait, et je fus me présenter à ces messieurs. Je me plaignis du jugement qui avait été rendu contre moi, je leur fis valoir toutes les raisons que j'avais déduites à M. Céberet; j'insistai principalement sur ma bonne foi, et je demandai qu'en conséquence ils ordonnassent que mes ballots me fussent rendus. Sur cet exposé ils condamnèrent unanimement ce que les commis avaient fait par rapport aux marchandises, dont l'entrée n'était pas défendue. Quant aux indiennes, il fut dit qu'on ne pouvait pas les relâcher, attendu l'ordonnance qui défendait de les laisser entrer, mais que je pouvais m'adresser au roi, et que Sa Majesté à ma sollicitation et à celle de mes amis, pourrait ordonner qu'elles me seraient rendues.

Ensuite de cette délibération, je priai ces messieurs d'envoyer leurs ordres à Pontorson pour qu'on fît venir dans le bureau de Paris tous les ballots qui étaient à moi, et je déclarai que j'étais prêt d'en acquitter, non-seulement tous les droits, mais encore de payer tous les frais qu'il faudrait pour le transport. Sur-le-champ M. de Lulie, président de l'assemblée, ordonna qu'on écrivît aux commis, et la lettre fut faite et signée devant moi.

Au sortir du bureau, je me rendis incessamment à Versailles où je fus trouver Bontemps, et lui ayant raconté ce qui m'arrivait, je le priai d'en parler à M. Le Pelletier, contrôleur général des finances. Bontemps s'employa pour moi avec son zèle ordinaire. Le ministre, qui l'aimait, lui répondit qu'il n'avait rien à lui refuser ; qu'il jugeait pourtant convenable d'en parler au roi avant que de rien ordonner. Sa Majesté accorda tout ce qu'on lui demandait, sur quoi le ministre, qui voulait faire plaisir à Bontemps, me fit expédier un ordre de la part du roi à MM. les fermiers généraux, par lequel il leur était enjoint de faire rendre incessamment, et sans payer aucuns droits, toutes les marchandises qui appartenaient au chevalier de Forbin.

Je ne parlai à personne de ce que la cour venait de faire en ma faveur ; mais lorsque je sus que mes ballots étaient arrivés à Paris, je fus signifier moi-même à M. de Lulie l'ordre que j'avais obtenu; charmé de la satisfaction qu'on me donnait, il fut au bureau et me fit rendre tout ce qui était à moi : cette affaire se termina ainsi à mon avan-tage. Je fus redevable de ce bon succès à l'amitié de Bontemps ; je lui dois ce témoignage qu'il n'a jamais manqué de s'employer avec ardeur dans toutes les affaires où je me suis adressé à lui, comme on a déjà pu voir.

Sur quoi je dirai en passant au sujet de cet ami, qu'il n'y avait guère à la cour de protection si utile et si recherchée que la sienne, puisqu'il y avait peu de seigneurs qui eussent autant de cré-dit que lui. Je pourrais dire ici bien des choses à son avantage. Je ne les passe sous silence que parce qu'elles me mèneraient trop loin ; mais ce que je ne passerai pas, et ce qui le met bien au-dessus de tant d'autres qui l'emportaient sur lui par la naissance, c'est que son zèle et son attachement sincère pour la personne du roi lui avaient telle-ment gagné la confiance de son maître, confiance qu'il posséda jusques à la mort, qu'il obtenait tout ce qu'il demandait ; et ce qu'on ne trouve presque nulle part, il usa toujours si bien de la faveur, que jamais personne ne la lui envia ; aussi obser-va-t-il toujours d'employer ce qu'il avait de crédit pour rendre service, et jamais pour nuire à per-sonne.

Je passai le reste de cette année à Paris, où

quelques mois après mon arrivée, nous apprîmes en France l'entreprise du mandarin Pitracha, sur le royaume de Siam. Quoique je n'en aie pas été témoin, tout ce qui se passa dans cette occasion a tant de rapport à ce qui a été dit ci-devant, et justifie si bien par l'événement tout ce que j'avais prédit de l'alliance des deux couronnes, et de l'établissement des Français à Bancok, que je me persuade que le lecteur sera bien aise de trouver ici en peu de mots quel fut le succès de cette entreprise, et comment nos Français furent obligés d'abandonner la place qu'on leur avait confiée dans ce royaume.

Ce fut vers le milieu du mois de mai de l'an mil six cent quatre-vingt-huit, que le royaume de Siam, qui était violemment agité depuis quelque temps par des mouvements d'autant plus dangereux qu'ils étaient cachés, devint tout à coup le théâtre d'une révolution qui changea la face de tout ce pays, et qui en éteignant toute la famille royale, coûta beaucoup de sang à tous ceux qui jusqu'alors avaient eu part aux affaires, et détruisit dans un moment tout ce qui avait été fait au sujet de l'alliance avec les Français.

J'ai déjà remarqué que, quoique tout parût tranquille à Siam, il y avait dans le fond peu de mandarins qui dans l'âme ne soupirassent après le changement. Pendant mon séjour dans ce royaume, j'avais reconnu cette disposition dans les esprits, et j'eus encore plus lieu de m'en convaincre dans l'affaire du sieur de Rouan où, comme nous avons vu, l'attente des mandarins fut trompée par le soin que je pris de disculper M. Constance. Parmi ceux qui pouvaient le plus remuer, un mandarin nommé Pitracha, homme de résolution, estimé courageux parmi les siens, et respecté pour l'austérité de ses mœurs, osa former le projet de secouer le joug et de monter lui-même sur le trône.

Cet homme, que j'ai connu fort particulièrement, conservait encore dans un âge assez avancé toute la vigueur de sa première jeunesse. Il se comporta avec tant de prudence, et mania les esprits si à propos, qu'après avoir engagé les talapoins dans son parti, il y fit en' er non-seulement les mandarins, dont il flatta l'ambition, en leur promettant de partager le gouvernement avec eux ; mais encore tout le peuple qui, toujours amateur de la nouveauté, espérait sous un autre maître un gouvernement moins rigoureux.

Toutes ces menées ne furent pourtant pas si secrètes que Constance n'en eût avis ; il ne tint qu'à lui de prévenir la conjuration, mais soit qu'il se fît une délicatesse mal entendue d'accuser et de faire arrêter Pitracha, sans avoir en main de quoi le convaincre pleinement de son attentat, soit

qu'il se crût toujours assez en état de réprimer les
factieux, il laissa engager l'affaire trop avant. Il
s'en aperçut un peu tard, et pour réparer sa
faute, autant qu'il était possible, il eut recours
aux Français qui étaient à Bancok. Mais ceux-ci,
sur de fausses relations qui leur furent faites des
troubles et des mouvements de la cour, appréhendant de s'engager mal à propos dans une affaire
qui pouvait avoir de fâcheuses suites pour la nation, se tinrent tranquilles dans leur forteresse,
malgré les lettres et les courriers envoyés coup
sur coup par M. Constance qui les conjurait de
venir à son secours.

Quand j'appris ce détail, je fus si indigné de la
conduite de nos Français, que je ne pus m'empêcher de dire à M. de Seignelai qui m'en parla,
que si je m'étais trouvé pour lors à Bancok, je
n'aurais pas balancé à voler au secours de
M. Constance, quelque sujet que j'eusse d'ailleurs
de me plaindre de ses mauvais procédés à mon
égard. Et s'il faut dire la vérité, connaissant le
peu de valeur des Siamois, je suis persuadé que
si je m'étais rendu à Louvo avec cinquante hommes de ma garnison, je n'aurais eu qu'à me montrer pour dissiper toute cette populace qui m'aurait abandonné son chef sans oser entreprendre
la moindre chose; trop heureuse d'apaiser ainsi
la cour par une prompte soumission.

Le secours qu'on avait sujet d'attendre de la garnison française ayant manqué, et tout concourant à assurer l'entreprise de Pitracha, il se déclara, se mit à la tête du peuple, et s'assura de la personne du roi, après s'être rendu maître du palais. Au premier bruit de cette démarche, Constance courut auprès du roi, résolu de mourir en le défendant; mais il n'était plus temps, il fut arrêté lui-même et mis aux fers.

Pitracha, qui voulait rendre son usurpation moins odieuse, jugeant que le roi, dont la maladie augmentait chaque jour, ne pouvait vivre que fort peu de temps, non-seulement n'entreprit pas sur la personne de son prince après l'avoir fait prisonnier; mais ne prenant pour lui que la qualité de grand mandarin, il affecta de ne donner aucun ordre que sous le nom du roi, à qui il laissa sans peine tout l'extérieur de la souveraineté.

Jusque-là tout avait réussi au gré de l'usurpateur, les suites ne lui furent pas moins favorables. Les différents ordres de l'État s'étant soumis à sa domination, il ne lui manquait plus pour jouir paisiblement de ses crimes que de chasser les Français du royaume. Il ne craignait qu'eux; et, en effet, ils étaient les seuls qui eussent pu traverser son bonheur. Il s'aperçut bientôt qu'il avait eu tort de les redouter. Ayant reconnu leur faiblesse, et en particulier le peu de part qu'ils prenaient au sort de M. Constance à qui il n'avait conservé la vie jusqu'alors que parce qu'il ignorait les dispositions des Français sur ce sujet, il n'hésita plus à se défaire d'un ennemi qui lui avait été si odieux, et qu'il avait déjà dépouillé de tous ses trésors.

On a ignoré le genre de mort qu'il lui fit souffrir. Ceux qui étaient à Siam pendant la révolution, assurent qu'il supporta tous ces revers avec des sentiments très-chrétiens et un courage véritablement héroïque. Malgré tout le mal qu'il m'a fait, j'avouerai de bonne foi que je n'ai pas de peine à croire ce qu'on en a dit. M. Constance avait l'âme grande, noble, élevée; il avait un génie supérieur, et capable des plus grands projets, qu'il savait conduire à leur fin avec beaucoup de prudence et de sagacité. Heureux, si toutes ces grandes qualités n'avaient pas été obscurcies par de grands défauts, surtout par une ambition démesurée, par une avarice insatiable, souvent même sordide, et par une jalousie qui, prenant ombrage des moindres choses, le rendait dur, cruel, impitoyable, de mauvaise foi, et capable de tout ce qu'il y a de plus odieux.

Le roi ne survécut pas longtemps à son ministre, il mourut peu de jours après, et Pitracha fut reconnu tout d'une voix roi de Siam. Enfin, pour que rien ne manquât à son bonheur, nos Français, après un siége de quelques mois, où ils eurent tout à souffrir, furent obligés d'abandonner Bancok et de repasser en France, où nous vîmes arriver leurs tristes débris. Tel fut, par rapport à la nation, le succès de cette entreprise mal concertée, qui coûta beaucoup, qui ne pouvait être d'aucune utilité au royaume, et dans laquelle la cour ne donna que parce qu'on l'éblouit par des promesses belles en apparence, mais qui n'avaient rien de solide.

DÉTAILS

SUR L'AMBASSADE A SIAM,

EMPRUNTÉS AUX MÉMOIRES

DE L'ABBÉ DE CHOISY[1].

J'étais tranquille dans le séminaire des Missions-Étrangères, lorsque Bergeret, premier commis de M. de Croissy, et mon ancien ami, m'y vint voir. Il me conta dans la conversation qu'il était venu des mandarins indiens, et qu'on parlait d'envoyer un ambassadeur au roi de Siam pour

---

[1] L'abbé de Choisy passa une partie de sa jeunesse habillé en femme, sous le nom de comtesse des Barres; il fut même engagé pendant plusieurs mois, en qualité d'actrice, au théâtre de Bordeaux. Il se convertit à la suite d'une maladie, et n'écrivit plus que des ouvrages de piété. Il dit que le désir de convertir les infidèles le porta à faire le voyage de Siam; il avait un autre motif dont il ne parle pas : c'était la nécessité d'échapper à ses créanciers. Il se fit ordonner prêtre, par le vicaire apostolique des Indes, pendant son voyage même. Il s'attacha depuis au cardinal de Bouillon, et mourut âgé de quatre-vingts ans.

Nous n'avons rien emprunté au *Journal* de son voyage à Siam, écrit romanesque dont la lecture aujourd'hui ne présente plus d'intérêt. Le fragment que nous publions est extrait de ses *Mémoires pour servir à l'histoire de Louis XIV*.

lui proposer de se faire chrétien; qu'il y avait
beaucoup de dispositions, et que c'était là un emploi digne d'un ecclésiastique habile et zélé. Il me
dit de plus qu'il me conseillait d'y songer, et que
si cela dépendait de M. de Croissy, mon affaire
serait bientôt faite; mais qu'à cause de la marine
cela était entièrement au pouvoir de M. de Seignelai.

Il n'en fallut pas davantage pour me mettre
dans le cœur l'ambition apostolique d'aller au
bout du monde convertir un grand royaume.

J'en parlai au cardinal de Bouillon, mon ami
dès l'enfance; et, sans perdre de temps, il alla
me proposer à M. de Seignelai son ami.

Ce ministre lui dit qu'il venait trop tard, que le
chevalier de Chaumont, homme de qualité et de
vertu, était nommé ambassadeur, qu'on avait été
assez embarrassé à trouver un homme propre à
cet emploi-là; que le chevalier de Nesmond avait
été sur les rangs, et que deux jours plus tôt
mon affaire était faite. Le cardinal me rendit cette
réponse, mais je ne perdis pas courage; les idées
de missions étaient entrées trop avant. Je lui représentai que le chevalier de Chaumont pouvait
mourir en chemin, et que l'ambassade tomberait
entre les mains de quelque marin peu versé en
ces sortes de matières; que la religion en pouvait
souffrir; que d'ailleurs le roi de Siam voulant se

convertir, le chevalier, médiocre théologien, lui donnerait des instructions assez superficielles; enfin, je le priai de demander pour moi la coadjutorerie du chevalier et l'ambassade ordinaire, en cas que le roi se fît instruire dans la religion chrétienne. Il en parla au roi, qui m'accorda ma demande, en disant : « Je n'avais pas encore ouï parler d'un coadjuteur d'ambassade; mais il y a raison, à cause de la longueur et du péril d'un pareil voyage. »

Mais pour moi on ne m'en dit pas un mot. Je partis deux jours après contre l'avis de tous mes parents qui faisaient fort les colères, peut-être pour ne pas être obligés de m'offrir une pistole. Il n'y eut au monde que le cardinal de Bouillon qui me donna mille écus. Les usuriers me fournirent tout le reste qui m'était nécessaire, et mirent sur ma tête à la grosse aventure. Ils s'en sont bien trouvés par la suite; mais pour moi, si j'en ai rapporté le moule du pourpoint, mes affaires en ont été renversées dix ans durant.

Il faut bien du temps à un ecclésiastique pour prendre sur ses revenus vingt mille livres d'extraordinaire. Mon frère me fit souvenir d'un certain horoscope où l'on m'avait dit beaucoup de choses qui me sont arrivées, et il y avait que je devais courir grande fortune sur l'eau. Je m'en moquai, et partis; et j'avoue que quoique je méprise ces sortes de pronostics, cela me revint à l'esprit à quatre mille lieues d'ici, dans une tempête qui nous rapprocha fort près du centre du monde. Notre voyage commença et finit fort heureusement; mais il y avait cinq mois que nous étions sur la mer sans que le chevalier de Chaumont eût eu aucune ouverture pour moi. Cela commençait à me fatiguer; je prévoyais que si cela durait, je serais un zéro en chiffre à Siam, lorsqu'au travers de la cloison qui séparait ma chambre de la sienne je l'entendis ruminer sa harangue. Je lui dis huit jours après (car il chantait toujours la même note) que j'avais ouï les plus belles choses du monde.

Là-dessus il me mena dans sa chambre, et me la répéta. Je la trouvai sans faute. Il commença à me parler de ce qu'il y avait à faire en ce pays-là; je lui donnai mes petits avis. Il est bonhomme, homme de bien, de qualité, mais il ne sait pas la géométrie. Je n'eus pas beaucoup de peine à lui faire sentir que, par aventure, je pourrais lui être bon à quelque chose. Depuis ce jour-là il ne cracha plus sans m'en avertir. Dès que nous fûmes arrivés à Siam, et que j'eus entretenu l'évêque de Métellopolis et l'abbé de Lionne, je connus clairement qu'on avait un peu grossi les objets, et que le roi de Siam voulait bien protéger les chrétiens, mais non pas embrasser leur religion; qu'il avait agi en politique qui veut attirer les étrangers et le commerce dans son pays, et s'assurer une protection contre les Hollandais, que tous les rois des Indes craignent beaucoup. M. Constance me découvrit la vérité malgré lui, et donna dans le panneau que je lui tendis ; il me proposa de donner au roi la ville de Banco, à condition qu'on y enverrait des troupes, des ingénieurs, de l'argent et des vaisseaux. Le chevalier de Chaumont et moi ne crûmes pas la chose faisable, et nous lui dîmes franchement que le roi ne voudrait pas s'engager sur sa parole à une dépense de quatre à cinq millions, qui peut-être seraient perdus. La chose en demeura là ; et je crois qu'il n'y eût jamais songé, sans une retraite que je fis au séminaire de Siam pour me préparer à recevoir les ordres sacrés. Il arriva quelque affaire dont M. Constance voulut parler au chevalier de Chaumont.

Il fallait un interprète, il se servit du père Tachard ; il lui trouva un esprit doux, souple, rampant, et pourtant hardi, pour ne pas dire téméraire ; il lui parla de la pensée qu'il avait eue, pensée que nous avions traitée de chimère.

Le père Tachard offrit de s'en charger, de la faire réussir : il dit à M. Constance que nous n'avions aucun crédit à la cour (il n'avait pas grand tort), et que s'il voulait en écrire au père de La-

chaise, sa révérence en viendrait bien à bout.
Pendant que cela se négociait, M. Paumart, missionnaire, qui était toujours chez M. Constance,
en eut quelque vent, et vint m'en avertir; mais
je ne voulus pas quitter ma retraite, et je laissai
faire le père Tachard, qui par là me souffla un
beau crucifix d'or que le roi de Siam me devait
donner à l'audience de congé, et dont le bon père
fut régalé avec justice, puisque le chevalier de
Chaumont et moi n'étions plus que des personnages de théâtre, et qu'il était le véritable ambassadeur, chargé de la négociation secrète. Je ne sus
tout cela bien au juste qu'après être arrivé en
France; mais quand je me vis dans mon pays, je
fus si aise que je ne me sentis aucune rancune
contre personne.

M. Constance était un des hommes du monde
qui avaient le plus d'esprit, libéral, magnifique,
intrépide, plein de grandes idées; et peut-être
qu'il ne voulait avoir des troupes françaises que
pour tâcher de se faire roi lui-même à la mort de
son maître, qu'il voyait fort prochaine. Il était
fier, cruel, impitoyable, d'une ambition démesurée. Il avait soutenu la religion chrétienne parce
qu'elle pouvait le soutenir, et je ne me serais jamais fié à lui dans les choses où son élévation n'aurait pas trouvé son compte.

En arrivant à Brest, j'appris deux nouvelles

bien différentes : l'une, que M. Boucherat était chancelier (j'en fus fort aise); l'autre, que M. le cardinal de Bouillon était exilé (j'en fus fort fâché). Nous partîmes aussitôt, le chevalier de Chaumont et moi, et fîmes ensemble la première journée ; il regardait toujours les Bretonnes, et m'avoua, avec toute sa dévotion, qu'il les trouvait aussi belles que la princesse de Conti. Nous venions de voir les Siamoises. Il arriva le premier à la cour, comme de raison ; j'y arrivai trois jours après. On nous entourait comme des ours. Le roi me fit beaucoup de questions, il m'en fit une entre autres dont on parla fort : il me demanda comment on disait *manger* en siamois ; je lui dis qu'on disait KIN. Un quart d'heure après, il me demanda comment on disait *boire* ; je lui répondis : KIN. « Je vous y prends, dit-il ; vous m'avez dit tantôt que KIN signifie *manger*. — Il est vrai, Sire, lui repartis-je sans hésiter ; mais c'est qu'en siamois KIN signifie *avaler* ; et pour dire *manger*, on dit KIN KAOU, *avaler du riz* ; et KIN NAM, *avaler de l'eau*. — Au moins, dit le roi en riant, il s'en tire avec esprit. » Je disais vrai, et l'esprit n'a point aidé en cette occasion.

Un mois après que je fus arrivé à Paris, les ambassadeurs du roi de Siam y arrivèrent. Le roi les fit défrayer partout, et leur donna audience dans la grande galerie de Versailles. On y avait élevé un trône magnifique. Ils firent une fort belle harangue, que l'abbé de Lionne, missionnaire, expliqua en français. Ils marquèrent au roi des respects qui allaient presque jusqu'à l'adoration; et en s'en retournant ils ne voulurent jamais tourner le dos, et allèrent à reculons. Les présents qu'ils avaient apportés étaient rangés dans le salon au bout de la galerie. M. de Louvois, qui n'estimait pas beaucoup les choses où il n'avait point de part, les méprisait extrêmement. « Monsieur l'abbé, me dit-il en passant, tout ce que vous avez apporté là vaut-il bien quinze cents pistoles? — Je n'en sais rien, monsieur, lui répondis-je le plus haut que je pus, afin qu'on m'entendît; mais je sais fort bien qu'il y en a pour plus de vingt mille écus d'or pesant, sans compter les façons; et je ne dis rien des cabinets du Japon, des paravents, des porcelaines. » Il fit, en me regardant, un sourire dédaigneux et passa. Quelqu'un apparemment conta au roi cette belle conversation; car dès le soir même, M. Bontemps me demanda, de la part de Sa Majesté, si ce que j'avais dit à M. de Louvois était bien vrai. Je lui en donnai la preuve en lui donnant un mémoire exact du poids de chaque vase d'or, et je l'avais fait faire à Siam avant que de partir : je suis persuadé qu'on le vérifia dans la suite. Cette bagatelle ne laissa pas d'irriter M. de Louvois contre moi ; il ne m'aimait pas déjà, parce que j'étais des amis du cardinal de Bouillon, sa bête. Quatre jours après, il conta à Meudon, en pleine table, une histoire de moi, fausse depuis le commencement jusqu'à la fin, où M. l'archevêque était fort mêlé. L'archevêque le sut, m'envoya querir, me conta tout, et me dit : « Mon pauvre abbé, ne relevons point la médisance ; c'est le moyen de la faire crever. » Je ne dirai rien davantage des ambassadeurs siamois, il y a des livres imprimés de leurs bons mots ; et, dans le vrai, le premier ambassadeur avait beaucoup d'esprit : il avait soin de nous à Siam ; il faisait à peu près la fonction de gentilhomme ordinaire. Je dis à M. Constance que cet homme-là me paraissait propre à réussir en France : il me dit qu'il n'était pas assez grand seigneur pour le charger d'une si belle ambassade, et que d'ailleurs il était malcontent de la cour, parce qu'à la mort du barcalon, son frère, on lui avait ôté deux millions. Je lui répondis qu'on pouvait lui faire donner un plus grand titre, et que les bienfaits effaçaient les injures : il y songea, en parla au roi de Siam, le fit opra et ambassadeur. Il faut pourtant avouer que M. Constance avait raison. Ce bon ambassadeur se mit à son retour dans le parti de Pitracha, et par ses conseils contribua beaucoup à le faire roi, et à faire scier en deux le pauvre M. Constance. Il est

à présent barcalon, c'est-à-dire premier ministre.
La harangue qu'il fit au roi à son audience de
congé fut admirée : on me fit l'honneur de me
soupçonner d'y avoir mis la main. Le roi m'envoya chercher pour me la demander : il la voulait
faire voir à Mme de Maintenon. Je lui en portai un
brouillon qui se trouva dans ma poche ; il m'ordonna de lui en apporter au retour de la chasse
une copie bien écrite, ce que je fis. La vérité est
que les ambassadeurs avaient mis dans leur patois
une partie des pensées qui y sont. L'abbé de
Lionne les avait traduites en français ; M. Tiberge
y avait donné ce tour simple, naturel et noble
qu'il sait donner à tout ce qu'il fait ; et j'y avais
marqué quelques points et quelques virgules. On
sera peut-être bien aise de la retrouver ici.

« Grand Roi, nous venons ici pour demander à
Votre Majesté la permission de nous en retourner
vers le roi notre maître. L'impatience où nous sa-
vons qu'il est d'apprendre le succès de notre ambassade, les merveilles que nous avons à lui ra-
conter, les gages précieux que nous lui portons
de l'estime singulière que Votre Majesté a pour
lui, et surtout l'assurance que nous lui devons
donner de la royale amitié qu'elle contracte pour
jamais avec lui, tout cela, beaucoup plus encore
que les vents et la saison, nous invite enfin à partir, pendant que les bons traitements que nous

recevons ici de toutes parts par les ordres de Votre Majesté seraient capables de nous faire oublier notre patrie et, si nous l'osons dire, les ordres mêmes de notre prince. Mais, sur le point de nous éloigner de votre personne royale, nous n'avons point de paroles qui puissent exprimer les sentiments de respect, d'admiration et de reconnaissance dont nous sommes pénétrés. Nous nous étions bien attendus à trouver dans Votre Majesté des grandeurs et des qualités extraordinaires : l'effet y a pleinement répondu, et même il a surpassé de beaucoup notre attente. Mais (nous sommes obligés de l'avouer) nous n'avions pas cru y trouver l'accès, la douceur que nous y avons rencontrés; nous ne jugions pas même que des qualités qui paraissent si opposées pussent compatir dans une même personne, et qu'on pût accorder ensemble tant de majesté et de bonté. Nous ne sommes plus surpris que vos peuples, trop heureux de vivre sous votre empire, fassent paraître partout l'amour et la tendresse qu'ils ont pour votre royale personne. Pour nous, grand Roi, comblés de vos bienfaits, charmés de vos vertus, touchés jusqu'au fond du cœur de vos bontés, saisis d'étonnement à la vue de votre haute sagesse et de tous les miracles de votre règne, notre vie nous paraît trop courte, et le monde entier trop petit pour publier ce que nous en pensons. Notre mémoire aurait peine à retenir tant de choses; c'est ce qui nous a fait recueillir dans des registres fidèles tout ce que nous avons pu ramasser; et nous les terminerons par une protestation sincère, que, quoique nous en disions beaucoup, il nous en est encore beaucoup plus échappé. Ces mémoires seront consacrés à la postérité, et mis en dépôt entre les monuments les plus rares et les plus précieux de l'État; le roi notre maître les enverra pour présent aux princes ses alliés; et par là l'Orient saura bientôt, et tous les siècles à venir apprendront les vertus incompréhensibles de Louis le Grand. Nous porterons enfin l'heureuse nouvelle de la santé parfaite de Votre Majesté, et le soin que le ciel a pris de continuer le cours d'une vie qui ne devrait jamais finir.» Cette harangue, qui reçut tant d'applaudissements, fut suivie de seize autres que les ambassadeurs firent le même jour aux princes et princesses de la maison royale; il y avait du bon sens et de l'esprit partout. Je mettrai encore ici celle qu'ils firent à M. le duc de Bourgogne.

« Grand Prince, qui serez un jour la gloire et l'ornement de tout l'univers, nous allons préparer dans l'Orient les voies à la Renommée, qui y portera dans peu de temps le récit de vos victoires et de vos grandes actions. Si nous vivons encore alors, le témoignage que nous rendrons de ce que nous avons découvert en vous, fera croire tout ce qui dans vos exploits pourra paraître incroyable. Nous l'avons vu, dirons-nous, ce prince encore enfant; et dès ce temps-là son âme paraissant sur son front et dans ses yeux, nous le jugions capable de faire un jour tout ce qu'il fait aujourd'hui. Mais ce qui comblera de joie le roi notre maître, sera l'assurance que nous lui donnerons que le royaume de Siam trouvera en vous un ferme appui de l'amitié que nous sommes venus contracter avec la France. »

Je retrouve encore dans mes papiers le petit compliment qu'ils firent à M. le duc de Berri :

« Grand Prince, à qui le ciel réserve des victoires et des conquêtes, nous aurons l'avantage de porter au roi notre maître la première nouvelle qu'il ait jamais reçue de vous, et nous le remplirons de joie en lui marquant le bonheur que nous avons eu de vous voir naître, et l'heureux présage que l'on a tiré de cette ambassade pour votre grandeur future. Nous souhaitons que votre réputation nous suive de près, et passe bientôt les mers après nous pour répandre l'allégresse dans une cour et dans un royaume où vous serez parfaitement honoré. »

Madame la Dauphine était accouchée de M. le duc de Berri quelque temps après l'arrivée des ambassadeurs de Siam. On chanta le *Te Deum* à

Notre-Dame. M. le chancelier et les évêques se plaignirent de ce que les gardes du corps n'étaient pas sous les armes en leur présence; mais Sainctot, maître des cérémonies, leur dit que les gardes du corps ne faisaient que battre du pied pour M. le chancelier, et que pour ces messieurs du clergé ils ne prenaient les armes que lorsqu'ils allaient en corps à l'audience du roi. Il y eut le soir un grand bal à l'hôtel de ville, où les ambassadeurs de Siam ne voulurent point aller, disant qu'ils n'avaient pas encore fait toutes les visites de la maison royale, et que leurs devoirs devaient marcher devant leurs plaisirs.

F. N.

TABLE.

FIN DE LA TABLE.

Imprimerie de Ch. Lahure (ancienne maison Crapelet), rue de Vaugirard, 9, près de l'Odéon.

2

www.ingramcontent.com/pod-product-compliance
Lightning Source LLC
Chambersburg PA
CBHW072039080426
42733CB00010B/1937